全面建设小康社会新金融系列丛书

绿色金融：
结构优化与绿色发展

姚星垣◎著

中国金融出版社

责任编辑：王　君
责任校对：孙　蕊
责任印制：陈晓川

图书在版编目（CIP）数据

绿色金融：结构优化与绿色发展/姚星垣著. —北京：中国金融出版社，2021.7

（全面建设小康社会新金融系列丛书）

ISBN 978 – 7 – 5220 – 1254 – 4

Ⅰ.①绿…　Ⅱ.①姚…　Ⅲ.①金融业—绿色经济—研究—中国　Ⅳ.①F832

中国版本图书馆 CIP 数据核字（2021）第 139490 号

绿色金融：结构优化与绿色发展
LÜSE JINRONG：JIEGOU YOUHUA YU LÜSE FAZHAN

出版
发行　中国金融出版社

社址　北京市丰台区益泽路 2 号
市场开发部　（010）66024766，63805472，63439533（传真）
网 上 书 店　www.cfph.cn
　　　　　　（010）66024766，63372837（传真）
读者服务部　（010）66070833，62568380
邮编　100071
经销　新华书店
印刷　保利达印务有限公司
尺寸　169 毫米 × 239 毫米
印张　10.75
字数　158 千
版次　2021 年 12 月第 1 版
印次　2021 年 12 月第 1 次印刷
定价　43.00 元
ISBN 978 – 7 – 5220 – 1254 – 4
如出现印装错误本社负责调换　联系电话（010）63263947

序　言

新征程已经开启。习近平总书记在庆祝中国共产党成立100周年大会上庄严宣告："经过全党全国各族人民持续奋斗，我们实现了第一个百年奋斗目标，在中华大地上全面建成了小康社会，历史性地解决了绝对贫困问题，正在意气风发向着全面建成社会主义现代化强国的第二个百年奋斗目标迈进。"党的十九届五中全会通过了《中共中央关于制定国民经济和社会发展第十四个五年规划和二〇三五年远景目标的建议》，新发展阶段、新发展理念、新发展格局成为一条贯通全文的主线，也是指引我国在新征程上行稳致远的旗帜。

新时代呼唤新金融。改革开放以来，我国金融进入了发展的快车道，取得了长足的进步，完成了从量的扩张到质的飞跃的转变。随着经济转型和深化改革不断推进，金融业的发展逐步由规模的增长向效率的提升转变；由依托金融机构的发展向注重金融功能的发挥转变；由金融业态的丰富向注重金融生态的优化转变。进入新时代以来，随着国际国内形势的深刻变化，我国的金融发展又一次面临新的历史机遇，同时也面临一系列新的挑战。这些新机遇、新挑战，主要来自以下方面：一是经济发展方式的转变，高质量发展需要新的增长动力，科技和创新成为重要引擎；二是环境约束日益显著，推动可持续发展，践行"绿水青山就是金山银山"的理念不断深入人心；三是推进共同富裕成为共识，如何在奋进中共享发展成果成为激发活力的重要议题。这些新机遇、新挑战，应时代而生，不断演化，彼此交错，激发各界进行新思考和新探索。

新金融发展离不开理论与实践的探索。在这个进程中，浙江金融职业学院（以下简称浙金院）勇于探索实践，不断开拓创新，在金融发展以及推动经济高质量发展事业中树立了良好的声誉，发挥了积极作用，取得了显著的成效。一方面，人才培养成效突出，建校以来为浙江、长三角地区乃至全国培养了 5 万余名各类金融相关人才，其中担任支行副行长及以上高级管理人员 5000 人左右；另一方面，科研和社会服务并驾齐驱，正成为推动浙金院实现新跨越的新动力。近年来，浙金院的学术研究团队在专业论文发表、学术专著出版、政府决策参考和行业发展咨询等领域取得了一系列成果，不少成果受到国家领导人和省领导的批示肯定。学校还建立了浙江省软科学重点研究基地（科技金融创新研究基地、服务浙江万亿金融产业协同创新中心、浙江地方金融研究中心）等组织，组织专职与兼职相结合的力量系统开展教学和研究工作，而本套丛书的撰写是浙金院科研和社会服务成果的新体现。

本套丛书由浙金院中青年学者撰写，共有《绿色金融：结构优化与绿色发展》《数字普惠金融：中国的创新与实践》《数字金融：智能与风险的平衡》《农村金融：金融发展与农民收入》《科技金融：金融促进科技创新》等 5 部著作。丛书回应了新时代的呼唤，彰显了新金融的特点，聚焦在科技金融、数字金融、绿色金融、普惠金融等当前金融理论和实践领域的重大问题、前沿问题。本套丛书具有鲜明的特点：既有理论研究，也有实践应用；既有历史回顾，也有前沿探索；既有国际视野，也有区域特色。

新的蓝图已经绘就，新的征程已经开启。希望以本套丛书的出版为平台和契机，进一步加强与各位师长、同仁、朋友的广泛交流，推动与金融理论与实践研究者、管理者和工作者的深入探讨，齐心协力，勠力前行，共同谱写新发展格局下金融发展事业的新篇章。

周建松

浙江金融职业学院党委书记

浙江地方金融发展研究中心主任

浙江省金融学会副会长

2021 年 10 月

前　言

　　绿色发展，作为新时代我国"创新、协调、绿色、开放、共享"五大发展理念之一，正日益受到各界的重视，但是在实践过程中，绿色发展在迎来重大机遇的同时，也面临资金有效供给不足、各方激励不够充分、参与主体比较单一等方面的挑战。如何进一步推进绿色发展？如何在绿色发展过程中，落实好"市场在资源配置中的决定性作用"和"更好地发挥政府作用"？作者认为，从结构优化的角度，通过发展绿色金融来促进绿色发展是一项有力举措和有益探索。

　　本书从金融发展理论出发，以金融结构的视角探索绿色金融和绿色发展之间的关系，分四个层面进行研究：第一，从金融结构的角度考察不同类型的金融发展（包括环境友好型金融发展）对经济增长和气候环境带来的异质性影响，这是发展绿色金融的经验事实和理论基础；第二，从生产者角度检验金融结构影响碳排放的机制，从宏观角度考察技术进步以及全要素生产率（Total Factor Productivity，TFP）在推动绿色发展中所起的重要作用，这是发展科技支持绿色金融的经验事实和理论基础；第三，从消费者对具体的金融产品的认知、态度和实际影响入手，考察绿色金融的微观作用机制，这是发展绿色普惠金融的经验事实和理论基础；第四，从区域发展层面考察区域经济金融特征、绿色金融试点以及具体发展模式等因素影响区域绿色金融发展的效果和机制，这是优化区域绿色金融发展政策的经验事实和理论基础。

　　本书的研究表明：第一，金融结构对绿色发展的影响存在异质性。发达国家的金融结构优化、绿色发展和高质量增长之间可以保持相互促进，形成了相互协调的良性机制，而对新兴经济体而言，仍需努力构建这种良性机制。第二，TFP与人均碳排放之间存在"倒U形"曲线关系。信贷增

1

长并不能与 TFP 产生正向的协同作用。对于发达经济体而言，资本市场发展能够与 TFP 产生协同作用减少人均碳排放。第三，从消费者角度看，参与度、绿色金融素养等因素对绿色金融发展和具体产品的满意度、使用意愿产生影响。第四，从区域层面看，政策导向、市场导向或平衡发展的模式对区域绿色金融发展产生重要影响，这对因地制宜采取恰当的政策具有重要意义。

本书的安排如下：第一章是绪论，阐述了选题背景与研究意义，说明了主要研究内容和基本逻辑框架。第二章是理论框架，依据绿色金融发展的基本经验事实，构建绿色金融发展、结构优化与绿色发展关系的基本分析框架。第三章从生产者角度研究绿色金融发展及其对经济增长和绿色发展的影响。第四章从消费者角度研究绿色金融发展及其影响。第五章从区域层面探讨绿色金融发展的影响因素。第六章是主要研究结论和政策建议。

绿色金融，方兴未艾，内涵丰富，前景广阔。在本书写作过程中，作者查阅了大量的政策文件、专业报告、相关专著和学术论文，并把其中的主要部分附后，供感兴趣的读者进一步阅读和研究。由于受时间和水平所限，难免存在疏漏甚至错误之处，请各位专家、读者批评指正。

姚星垣

2020 年 12 月

目　　录

图表目录

目　　录

第一章 绪 论

第一节 选题背景与研究意义

一、选题背景

绿色发展，作为我国新时代五大发展理念之一，正日益受到各界的重视。2015 年 10 月底通过的《中共中央关于制定国民经济和社会发展第十三个五年规划的建议》中首次提出了"创新、协调、绿色、开放、共享"的五大发展理念。2016 年政府工作报告对绿色发展给予了特别重视，强调要推动形成绿色生产生活方式，加快改善生态环境，通过各方面努力使生态环境质量总体改善，对治理大气雾霾提出了具体的量化目标。在 2020 年 9 月举行的第 75 届联合国大会一般性辩论上，中国国家主席习近平发表讲话时表示："中国将提高国家自主贡献力度，采取更加有力的政策和措施，二氧化碳排放力争于 2030 年前达到峰值，努力争取 2060 年前实现碳中和。"双碳目标的提出标志着我国新时代发展进入新阶段。

近年来，绿色发展在我国取得了显著的成效。政府相关部门出台了一系列相关政策，鼓励、落实和推动绿色发展。[①] 2016 年至 2019 年，规模以上企业单位工业增加值能耗累计下降超过 15%，相当于节能 4.8 亿吨标准煤，节约能源成本约 4000 亿元，实现了经济效益和环境效益双赢，为完成全社会节能目标和加快生态文明建设作出了积极贡献。[②] 2017 年，中国单位 GDP 二氧

---

① 比如，工业和信息化部发布了《"十三五"工业绿色发展规划》《绿色制造工程实施指南（2016—2020 年）》等。

② 数据来源：工业和信息化部节能与综合利用司网站发布，2020 年 7 月 8 日。

化碳排放比 2005 年下降约 46%，提前 3 年实现对外承诺的到 2020 年碳强度下降 40%~45% 的目标。[①]

但是，当前我国绿色发展仍然存在不小的压力。一是经济增长由高速转为中高速，在外部环境复杂严峻，经济面临下行压力大背景下，部分地区有为了保增长放松环保要求的苗头；二是前期我国经济粗放式增长对资源环境造成的负面影响逐渐累积、逐步显现；三是我国经济实现绿色低碳转型仍然面临诸多挑战。而从绿色金融发展入手，通过优化资源配置，促进结构优化，是更好地落实绿色发展的重要思路和关键举措。

二、研究意义

（一）理论意义

从理论上看，绿色发展是我国可持续发展和高质量发展的重要方面和必然要求。经济增长理论表明，引起经济长期增长的要素和动力包括劳动、资本、环境和自然资源以及技术进步。但是，不容忽视的是，这些基本要素也可能成为阻碍经济增长的约束条件。比如资源环境，既是推动经济增长的基本要素，也是经济可持续发展的约束条件。对传统的高能耗产业而言，推动经济增长的同时也可能造成资源浪费，污染环境，影响气候环境，对社会福利造成巨大的负面影响。因此，要实现可持续发展和高质量发展，必须重视资源和环境因素，坚持绿色发展。

从某种意义上说，绿色发展就是经济结构的调整和转型升级，即限制和约束高污染、高能耗的产业发展，鼓励和推动无污染、低能耗产业的发展。这个过程往往伴随两方面或者其他两种要素的相互作用：一是技术进步，鼓励少污染、少能耗的技术发展；二是资金流向，通过金融来引导资源向绿色发展的领域集聚。

因此，从不同要素之间的相互关系看，金融对绿色发展的影响有两条基

[①] 数据来源：人民网 - 人民日报，2019 年 02 月 22 日。

本路径：一是直接影响，金融直接支持绿色经济、绿色产业发展，这就是传统意义上即狭义的绿色金融发展；二是间接影响，通过金融支持环境友好的技术进步，间接推动绿色经济发展，这可以理解为"绿色科技金融"，属于广义的绿色金融发展。

（二）实践意义

从实践上看，绿色发展是中国特色社会主义新时代建设的重要内容，是高水平建成"全面小康社会"的重要标志。2012 年党的十八大报告中第一次把生态文明建设与物质文明、精神文明、政治文明、社会文明建设放在同等重要位置，明确提出要推进经济、政治、文化、社会、生态"五位一体"的建设，由此拉开了生态文明改革的序幕。这为绿色金融发展大展身手提供了广阔的舞台。

值得关注的是，绿色金融在实践过程中也遇到很多问题，比如，典型的问题包括绿色金融的资金供给不足，金融机构从事绿色金融相关业务的激励举措有限、绿色金融发展过程中的认定标准仍然有待完善等方面的挑战。

综上所述，从结构转型和绿色发展的角度，研究绿色金融发展的机遇、挑战和成效，具有重大的理论和现实意义。

第二节　研究内容与逻辑框架

一、研究内容

本书的内容安排如下：

第一章是绪论。阐述了选题背景与研究意义，说明了主要研究内容和基本逻辑框架，梳理了绿色金融、碳金融、绿色普惠金融、绿色发展、可持续发展、高质量发展等相关基本概念，并介绍了本书的主要研究方法，概述了本书的主要创新点。

第二章是理论框架。首先从金融结构理论及其经济影响、高质量发展及其主要动力、绿色金融发展及其基本模式等相关领域进行文献综述，然后呈现了绿色金融发展的基本经验事实，并以此基础，构建了绿色金融发展、结构优化与绿色发展关系的基本分析框架。

第三章从生产者角度研究绿色金融发展及其对经济增长和绿色发展的影响。经验研究考察了金融结构与绿色发展、高质量增长之间存在长期协整关系，全要素生产率（Total Factor Productivity，TFP）与人均碳排放之间的"倒U形"关系以及 TFP 与绿色金融发展之间协同发展对碳排放的影响机制。

第四章从消费者角度研究绿色金融发展及其影响。重点考察了参与度、绿色金融素养对绿色金融满意度与使用绿色金融产品意愿的影响。经验研究结果表明，较高的参与度与丰富的参与方式（场景）、绿色金融素养与绿色金融满意度正相关；绿色金融素养与绿色金融产品使用意愿正相关。

第五章是从区域方面探讨绿色金融发展的影响因素。结果表明，区域经济发展水平、财政收入和资源丰富程度是影响绿色金融发展的主要因素；参加绿色金融改革的试点区域，绿色金融发展水平显著高于非试点区域；区域绿色金融发展模式的选择对区域绿色金融发展存在异质性影响。

第六章是主要研究结论和政策建议。

二、重要概念

本书中涉及的概念较多，相互之间的关系比较复杂，容易造成混淆和误解，因此在本部分做一简要说明。

（一）绿色金融

根据中国人民银行、财政部等七部委 2016 年 8 月联合发布的《关于构建绿色金融体系的指导意见》，绿色金融是指为支持环境改善、应对气候变化和资源节约高效利用的经济活动，即对环保、节能、清洁能源、绿色交通、绿色建筑等领域的项目投融资、项目运营、风险管理等所提供的金融服务。

从这个定义上看，绿色金融主要是通过金融的投融资行为来影响气候条件和环境质量，即金融影响气候环境。但从另一个角度看，气候环境也会影响金融，主要是影响投融资行为的成本收益，即所谓的环境风险。前者主要是金融发展对资源环境和气候变化带来可能的正面影响；而后者是指资源环境和气候变化对金融业带来的潜在负面影响，如图 1 - 1 所示。

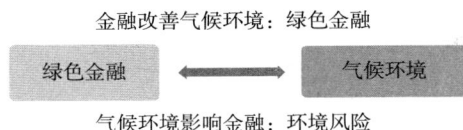

金融改善气候环境：绿色金融

绿色金融 ⟷ 气候环境

气候环境影响金融：环境风险

图 1 - 1　绿色金融与气候环境的关系

如没有特殊说明，本书中所涉及的绿色金融主要是指前一个方面，即支持环境改善、应对气候变化和资源节约高效利用的经济金融活动，是从金融影响资源环境和气候变化的角度探讨的绿色金融。

（二）碳金融

所谓碳金融，是指由《京都议定书》而兴起的低碳经济投融资活动，或称碳融资和碳物质的买卖。即服务于限制温室气体排放等技术和项目的直接投融资、碳权交易和银行贷款等金融活动。

比较绿色金融和碳金融的概念，两者既有区别，又有联系。碳金融主要涉及支持减少温室气体排放的金融活动，而绿色金融主要为支持减少能源消耗、环境污染等方面的金融活动。多数情况下绿色金融包含碳金融，但部分绿色金融支持的产业，可能仍然是高碳排放产业。

（三）绿色普惠金融

绿色普惠金融是绿色金融和普惠金融的交集。2015 年 12 月，国务院发布《推进普惠金融发展规划（2016—2020 年）》，指出普惠金融是指立足机会平等要求和商业可持续原则，以可负担的成本为有金融服务需求的社会各阶层和群体提供适当、有效的金融服务。小微企业、农民、城镇低收入人群、贫困人群和残疾人、老年人等特殊群体是当前我国普惠金融重点服务对象。① 绿

---

① 国务院关于印发推进普惠金融发展规划（2016—2020 年）的通知，中国政府网，2019 - 11 - 19。

色普惠金融则是同时体现普惠和绿色理念的金融活动。

因此，本书所涉及的绿色金融、碳金融、绿色普惠金融等概念之间的相互关系，可用图 1 - 2 表示。①

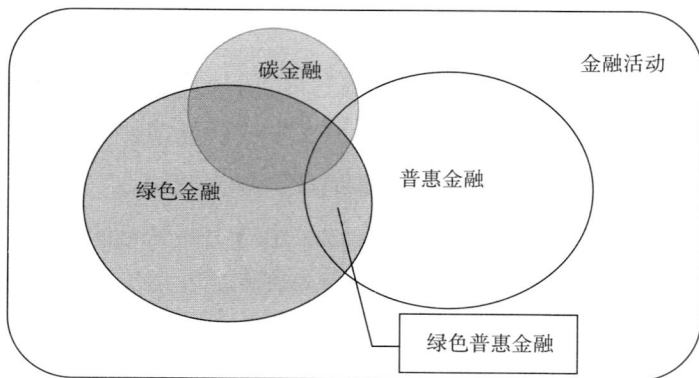

图 1 - 2　绿色金融相关概念关系

（四）绿色发展

绿色发展着眼于处理好经济发展同生态环境保护的关系，牢固树立保护生态环境就是保护生产力、改善生态环境就是发展生产力的理念。本书中的绿色发展概念与绿色金融概念中涉及的内涵保持一致，即支持环境改善、应对气候变化和资源节约高效利用的经济活动，具体包括环保、节能、清洁能源、绿色交通、绿色建筑等领域的经济活动。

绿色发展的生态体系，是要解决好工业文明带来的矛盾，以人与自然和谐相处为目标，实现世界的可持续发展和人的全面发展。坚持绿色发展，主要是解决人与自然和谐的问题。无论是生态环境承载力的不足，还是人们环保意识、权利意识的增强，都要求国家调适发展理念，将绿色发展摆在更加突出的位置。从广义上理解，坚持绿色发展，不仅是经济领域的一场变革，也将深刻影响地方政治生态和社会治理。

---

① 如果碳金融也带有普惠的性质，比如丰富碳金融交易的工具、拓展碳金融市场的参与主体，那么也可能成为碳普惠金融，因此图示中碳金融与普惠金融也有交集，但这不是本书所研究的重点。

（五）可持续发展

1987 年，世界环境与发展委员会出版《我们共同的未来》报告，将可持续发展定义为："既能满足当代人的需要，又不对后代人满足其需要的能力构成危害的发展。"

绿色发展又与可持续发展之间存在密切关联。绿色发展与可持续发展有共同的内涵，即处理好人与自然的关系。而可持续发展的内涵更加丰富些，既包括人与自然的协调共生，也包括人与人关系的公平性。因此，可以认为绿色发展是可持续发展的一个重要方面。

（六）高质量发展与高质量增长

高质量发展的内涵十分丰富，对高质量发展的认识本身是一个不断动态演化的过程。党的十九大报告指出："按照高质量发展的要求，统筹推进'五位一体'总体布局和协调推进'四个全面'战略布局，坚持以供给侧结构性改革为主线，统筹推进稳增长、促改革、调结构、惠民生、防风险各项工作。"

高质量增长是高质量发展的一个方面，主要是指"五位一体"中的经济领域。一般而言，发展涵盖的内容比较广泛，包括但不限于经济因素，比如人类发展指数（HDI）就由预期寿命、教育获得和对数人均 GDP 三个指标构成①，而增长一般用 GDP 增长率或人均 GDP 增长率来衡量。不少学者认为，在引起经济增长的主要因素中，技术进步是根本动力。因此，本书中的高质量增长特指由于技术进步导致的增长。在第三章的经验研究中，高质量增长把全要素生产率作为技术进步的代理变量进行计量分析。

从高质量发展与绿色发展和可持续的关系来看，高质量发展包含了绿色发展和可持续发展，绿色发展和可持续发展是高质量发展的重要方面。高质

---

① 这三个指标分别反映了人的长寿水平、知识水平和生活水平。具体计算指标是，长寿水平用出生时预期寿命来衡量；知识水平用成人识字率（2/3 权重）及小学、中学、大学综合入学率（1/3 权重）共同衡量。《2010 人类发展报告》中对其进行了修改，利用平均受教育年限取代了识字率，利用预期受教育年限（即预期中儿童现有入学率下得到的受教育时间）取代了毛入学率。生活水平用实际人均 GDP（购买力平价美元）来衡量。《2010 人类发展报告》中采用人均国民总收入（GNI）取代 GDP 来评估。

量发展包含了"五位一体"即经济、政治、文化、社会、生态文明五个方面全面发展，而绿色发展至少涵盖了经济和生态两个层面的内容，可持续发展则还包含了社会、文化等处理人与人关系的方面。

从绿色金融与绿色发展、可持续发展和高质量发展的关系来看，绿色金融，包括碳金融和绿色普惠金融推动绿色发展和可持续发展，这也构成了高质量发展的重要方面，如图 1-3 所示。限于篇幅，如没有特别说明，本书讨论的主要范围是绿色发展，在拓展讨论和政策建议部分，可能会涉及可持续发展与高质量发展的某些方面。

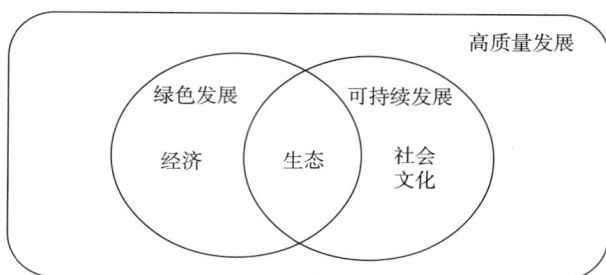

图 1-3　绿色发展与高质量发展

三、逻辑框架

本书从结构优化的角度研究绿色金融对绿色发展的影响。主要从金融结构、供给结构、需求结构和区域发展异质性等四个角度进行分析，因此本书的主要研究内容也从这四个方面展开研究。

（一）金融结构与绿色金融

从金融结构角度研究绿色金融发展，有三个层次。第一个层次是金融规模与经济规模的关系，即雷蒙德·戈德史密斯（Raymond Gold smith）的金融相关率（Financial Interrelations Ratio，FIR），第二个层次是金融业内部的不同子业态和不同类型的金融资产规模的比例关系，常见的是直接融资规模与间接融资规模的比例（Levine，2002），或者是绿色金融、科技金融等规模占金融总规模的比例。第三个层次是绿色金融内部的结构关系，包括各类绿色金融工具的比例。本书主要从第二个层次探讨金融结构问题。值得注意的是，绿色金融占所有金融比重的提升，这本身就是金融结构优化的一种体现。

（二）绿色金融与供给结构

从供给角度看，引起经济长期增长的要素和动力包括资本、劳动、资源环境和技术进步。这些要素本身可能是资源环境友好的，即绿色的；或者是资源环境非友好的，即黑色或棕色的；也可能是中性的。

金融的核心功能之一就是资源配置，因此，从这个意义上说，绿色金融发展（包括绿色金融自身规模的增加，即第二个层次；绿色金融内部具体金融工具的优化和丰富，即第三个层次；以及绿色金融效率的提升，包括绿色金融体系的构建等），就是把更多的要素引向环境友好型增长。那么，原本黑色（棕色）或中性的资本，可能就成为"绿色资本"；原本在中性或者黑色（棕色）产业就业的劳动，就变成"绿色劳动"；支持绿色发展的技术进步可能更快，成为"绿色技术"；以及由绿色技术带来的资源更加高效的利用和对环境损害的降低，成为"绿色资源"。

（三）绿色金融与需求结构

从需求角度看，短期拉动经济增长的动力包括投资、消费、政府购买和净出口，因此，绿色经济增长的动力包括绿色投资、绿色消费、绿色政府购买和绿色进出口。绿色金融发展带动绿色投资和绿色消费，政府在宏观调控和财政收支方面也更加落实绿色理念，进一步加强绿色发展的国际合作，包括产品和劳动的贸易和资金的往来。

（四）绿色金融与区域发展异质性

不同区域之间绿色金融发展速度存在着较大的差异，因此需要考察区域经济金融特征、绿色金融改革试点以及具体发展模式等因素影响区域绿色金融发展的效果和机制，从政策层面探讨绿色金融发展依托的理论基础和现实约束。区域绿色金融发展有三种基本思路：政策导向、市场导向和平衡发展。各地区需要根据本地的实际情况，因地制宜地选择最优发展策略，在区域层面推动绿色金融发展。

综上所述，绿色金融通过自身结构优化，提供了支持绿色发展的基础，提高了支持绿色发展的效率；绿色金融发展通过推动供给侧结构性改革，优化供给侧结构，集成和壮大绿色产业；绿色金融发展通过支持需求侧转型升级，优化需求侧结构，汇聚拉动经济增长的绿色动力。四个方面协同发展，共同推动整体上系统性的绿色发展。本书的基本逻辑结构如图 1－4 所示。

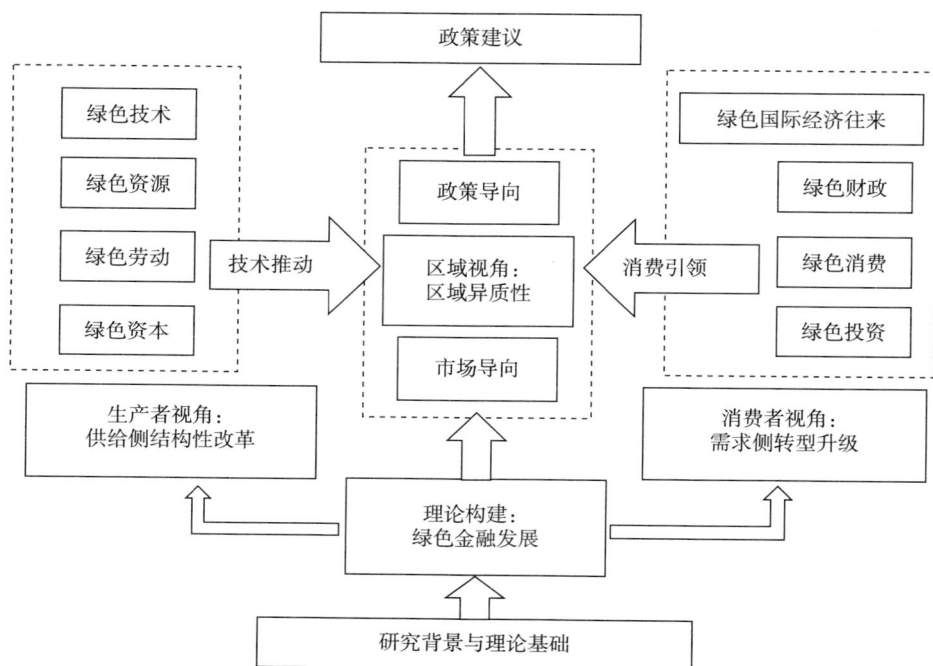

图 1－4　本书的基本逻辑框架

第三节　研究方法与主要创新

一、研究方法

（一）理论研究与实践应用相结合

在理论上，从最基础的经济学一般均衡的分析框架入手，从结构优化的角度，构建了绿色金融发展影响经济发展的基本分析框架。从实践层面看，由于不同区域市场机制和制度环境的差异，绿色金融发展外部性内部化的策略有所区别，这为有针对性地制定区域绿色金融发展的策略奠定了基础。

（二）定量研究与定性研究相结合

从生产者、消费者角度和区域层面分析绿色金融发展时，采用了多种计量方法进行比较研究的定量研究，在理论分析和案例分析中采用示例性分析等方法进行定性的分析。

（三）比较研究与案例研究相结合

从国际比较、我国不同区域绿色金融发展的比较入手，探讨一般规律，也发现典型特征。同时通过特定案例对典型发展进行深入剖析，比如以"蚂蚁森林"为案例，分析基于消费的绿色普惠金融发展。

二、主要创新

本书主要从金融结构的视角探索绿色金融和绿色发展之间的关系。核心思想是从金融发展理论出发，即探求金融发展与经济增长的关系，主要创新体现在以下三个方面。

（一）研究内容的分析框架创新

第一，从金融结构的角度考察不同类型的金融发展（包括环境友好型金融发展）对经济增长和气候环境带来的异质性影响，这是发展绿色金融的经验事实和理论基础。

第二，从生产者角度，检验金融结构影响碳排放的机制入手，从宏观角度考察技术进步以及全要素生产率（TFP）在推动绿色发展中所起的重要作用，这是发展科技支持绿色金融的经验事实和理论基础。

第三，从消费者对具体的金融产品的认知、态度和实际影响入手，从微观角度考察绿色金融的作用机制，这是发展绿色普惠金融的经验事实和理论基础。

第四，从区域发展层面，考察区域经济金融特征、绿色金融试点以及具体发展模式等因素影响区域绿色金融发展的效果和机制。这是侧重从政策层面探讨其依托的理论基础和现实约束。

（二）研究视角创新

第一，在理论分析部分，主要从外部性的角度，构建绿色金融发展的基本框架。

第二，在生产者角度分析部分，重点从技术进步的角度切入进行深入探讨，并通过跨国比较和经验研究加以检验。

第三，在消费者角度分析部分依托微观问卷调查数据，从参与度、绿色金融素养等若干较新颖的角度进行研究。

第四，在区域分析部分，主要从绿色金融发展模式的差异化角度开展研究。

（三）主要研究结论具有创新性

第一，从金融发展理论来看，金融发展尤其是金融结构优化通过更好地发挥资源配置、风险管理等功能对绿色发展产生影响，金融结构对绿色发展的影响存在异质性。

第二，从生产者角度看，提出并初步验证 TFP 与人均碳排放之间存在"倒 U 形"曲线关系，检验金融发展与 TFP 对减少人均碳排放产生异质性影响。

第三，从消费者角度看，参与度、绿色金融素养等因素对绿色金融发展和具体产品的满意度、使用意愿产生影响。

第四，区域层面，政策导向、市场导向或平衡发展的模式对区域绿色金融发展产生重要影响，这对因地制宜采取恰当的政策具有重要意义。

第二章　绿色金融发展的理论框架

第一节　文献综述

一、金融结构理论及其经济影响

（一）金融结构理论

自金融结构理论（Goldsmith，1969）提出以后，学者们在研究金融发展与经济增长的关系问题时无法忽视结构分析（Demirgüç – Kunt and Levine，1999；Beck et al.，2000，2009，2013；Torre et al.，2013）。但是关于金融结构的定义、金融结构与金融发展的关系，理论界也存在不同的观点。Goldsmith 认为金融结构就是金融工具与金融机构的相对规模，金融结构的变迁就是金融发展，并开创性地运用丰富的数据加以论证。后继的研究则对 Goldsmith 的金融结构理论进行了修正与补充，拓展了金融结构的定义，认为金融发展是量性与质性相统一。

目前，关于金融结构的理论研究仍在不断地发展与完善。尽管存在银行主导论、市场主导论、金融服务论等观点（Levine，2002；Lin et al.，2009），但在金融结构与经济发展是否相关问题上，大多肯定了基于金融结构基础上的金融体系对实体经济的作用并非中性（Rajan and Zingales，1998；Demirgüç – Kunt and Levine，2004，2012；Harper and McNulty，2008）。衡量一个国家的金融结构优劣，关键是要看金融结构与经济结构的适应性（Levine et al.，2000）。金融结构优化的动力来源于实体经济结构的升级对金融服务的需求，金融结构变化适

13

应实体经济结构升级才能促进经济增长，否则会出现金融抑制，或者金融超出实体经济过度发展而引发泡沫。

（二）金融结构与经济增长之间的因果关系和影响机制

金融结构与实体经济相适应或者相匹配，存在一个动态的相互关系，即谁引导，谁主导，谁适应的问题。Patrick（1966）提出了金融发展中的"供给主导论"和"需求追随论"。"供给主导论"强调金融服务供给先于实体经济对金融服务的需求，金融对实体经济有着自主的积极影响；"需求追随论"强调经济主体会产生对金融服务的需求，从而促进金融发展。

深入研究发现，这种相互关系在不同发展阶段存在异质性。在经济发展初期，"供给主导"居于主导地位，随着经济的发展，金融的"需求追随"开始发挥作用。一些经验研究表明，在人均收入水平较低的发展中国家，供给领先的金融发展模式的效应较为明显，经济增长对供给领先的金融发展模式具有较强的正面响应，而在人均收入水平较高的发达国家，这一效应却并不明显，说明供给领先的金融发展对发展中国家而言具有更为重要的意义。

国内学者也对相关主题进行了理论探索和经验研究。王书华、杨有振（2011）认为，当前，我国经济正处于转轨时期，资本由稀缺变得相对丰富，法律制度和市场体系渐趋完善，金融需求日趋复杂化和多样化，金融发展当由"供给主导"和"需求追随"机制共同作用实现，金融发展既是经济发展的因，也是经济发展的果，无论是研究我国金融总量问题，还是结构问题，均不能独立于实体经济之外。

还有一些学者从金融结构影响消费、收入分配等角度研究了金融结构对经济增长的间接影响。方浩文（2013）从金融结构约束的观点对中国金融结构、经济结构与消费波动的关系作了实证研究。格兰杰（Granger）因果检验表明，短期内消费波动是金融结构变化的格兰杰原因，消费波动是经济结构变化的格兰杰原因。从长期来看，中国金融结构、经济结构与消费波动之间存在唯一长期均衡关系，经济结构变化是金融结构变化的原因，消费波动对金融结构、经济结构的变化随着时间的推移，其影响力逐渐增强。因此，增加消费能力对中国经济持续健康发展具有重要的战略意义。

杨俊、王佳（2012）主要从金融分工和企业融资角度来考察金融结构，对金融结构与收入不平等的长期趋势和内在作用渠道进行了分析，表明直接融资比例提高会降低收入不平等的程度；金融结构影响收入不平等的经济增长渠道不畅，劳动力需求渠道基本通畅。

（三）金融结构与经济结构之间的关系和影响机制

进入 21 世纪以来，国内外学者开始重视经济结构与金融结构之间的相互关系（Beck and Levine，2002；Binh et al.，2006；Allen et al.，2016）。在理论层面，林毅夫等（2006）提出了要在特定的经济环境中考察金融结构，认为评价一国在一定发展阶段的金融结构是否有效的标准，不是该国金融结构与发达经济金融体系的差异，而是本国金融结构是否与现阶段的要素禀赋结构所决定的实体经济结构相适应，即"最优金融结构理论"。以此理论为基础，孙景德、余霞民（2012）提出"对称性金融"的概念，认为评价金融结构的优劣应该以与其服务的实体经济的匹配程度即对称性作为标准。

殷孟波、贺国生（2001）认为，经济结构决定金融结构，金融结构对经济结构有反作用，并以西南地区为对象，对通过优化金融结构促进经济结构优化作出了实证研究。李茂生、李光荣（2001）认为，经济结构与金融结构的关系本质上就是金融与经济的关系。优化金融结构的最主要任务是优化金融业的所有制结构、金融机构结构等。李西江（2012）认为，金融发展能够从多个角度影响经济结构优化，一国的金融结构应当与实体经济结构相适应。现阶段，我国金融结构不平衡问题突出，主要体现在金融工具和金融机构发展不平衡、城乡金融发展不平衡、区域金融发展不平衡等方面。董莹莹、廖可贵（2013）用 34 年的经济数据，对我国经济结构、金融结构和产业结构之间的关系进行了分析，通过协整分析检验，得出三者之间存在长期和短期关系。通过格兰杰因果关系检验，发现经济结构与金融结构形成了良好互动，产业结构与金融结构和经济结构之间构成单向因果，但经济结构却与产业结构未形成双向因果关系，从而可以看出经济转型和金融深化改革尚未到位，我国产业升级水平尚待进一步提高。

二、高质量发展及其主要动力

（一）高质量发展的基本内涵

关于高质量发展的内涵，不少学者是从供给角度进行阐述，比如王永昌、尹江燕（2019）认为，高质量发展是一种生产要素投入少、资源配置效率高、资源环境成本低、经济社会效益好的可持续发展。中国经济高质量发展主要表现为中高速、优质化、科技化、金融化、包容化、绿色生态、全球化等方面的特征。金碚（2018）认为，高质量发展体现在使用价值面即供给侧的关注。张俊山（2019）认为经济发展的质量是向人们、首先是向最广大的劳动者提供物质生活资料的活动过程的程度。

还有学者结合消费的角度加以综合理解，比如任保平（2018a）认为，高质量发展的理论逻辑，在微观方面主要体现在产品质量与使用价值、价值之间的关系；在宏观方面主要包括生产过程的质量循环链、生产力质量和经济增长质量等问题。刘志彪（2018）认为，高质量发展的内涵应该包括发展战略转型、现代产业体系建设、市场体系深化、分配结构调整等方面。

不少学者探索用编制高质量发展的指标体系或指数的方式，对我国高质量发展进行定量研究。比如张兵、魏玮（2018）在构建理论模型和指标体系的基础上，编制了经济增长质量指数，并通过经济增长"质量距离指数"给中国经济增长质量在世界中定位。魏敏、李书昊（2018）从经济结构优化、创新驱动发展、资源配置高效、市场机制完善等10个方面测度了新时代中国经济高质量发展水平，并测度计算了其空间分布规律。

（二）高质量发展的推进动力

不少学者从理论分析和经验研究的角度指出，创新和研发投入是高质量发展的重要动力。金碚（2018）认为，高质量发展须有新动力机制，结合供需双方：即供给侧的创新引领和需求侧的人民向往。陈昌兵（2018）认为高质量发展的根本动力在于创新，特别是要坚持企业在创新中的主体地位，实现动力转换。温涛、张梓榆（2018）的经验研究表明，信贷扩张和研发投入对经济总量增长均起到了促进作用，但对于经济质量的提升主要依赖研发投入。

还有学者从更加丰富的视角进行研究，比如任保平（2018）认为高质量发展是比经济增长质量范围宽、要求高的质量状态。高质量发展表现在提高供给的有效性，推动公平性发展、生态文明、人的现代化。新时代中国经济高质量发展由创新、科学发展、结构优化和文明发展等方面的动力驱动。余泳泽、胡山（2018）的综述概括了产业、创新、对外开放和人民生活等角度中国经济高质量发展的现实与困境，认为中国经济高质量发展要以提高人民生活质量为主要目标，动力来自创新驱动、市场化改革和对外开放等。

三、绿色金融发展及其基本模式

（一）绿色金融体系的构建

从绿色金融体系整体来看，任辉（2009）较早地提出了构建我国绿色金融体系的观点，并认为应从加强制度建设、创新绿色金融产品、普及绿色金融理念等层面加以推进。以可持续发展观为指导，从树立绿色金融理念、强化绿色信贷机制、支持环保企业直接融资等方面积极构建绿色金融体系。马骏（2015）探讨了当前构建绿色金融体系的核心问题和关键举措，指出要加强对绿色产业的投资引导，须从提高绿色项目的投资回报率、强化企业社会责任意识、培育消费者环保意识等方面着手。

从绿色金融结构方面，任辉（2009）认为需要综合推进，既要强化间接融资，比如健全绿色信贷机制，又要鼓励发展直接融资，比如优先支持环保企业直接融资，实行"环保一票否决制"等。天大研究院课题组（2011）则从发展战略的高度，比较系统地梳理了我国绿色金融体系的基本框架，具体包括绿色金融制度、绿色金融监管、绿色金融市场、绿色金融工具、绿色金融机构等五个方面，并需要依据探索期、过渡期和成熟期分阶段加以实施，同时辅以宏观政策环境与微观基础支持。

蔡玉平、张元鹏（2014）侧重从制度建设和基础设施的角度，指出构建绿色金融体系需要采取完善政策支持体系、培育服务体系、制定绿色金融的标准、建立信息共享平台等举措。马骏（2015）从微观主体和激励相容的角度，深入探讨了当前构建绿色金融体系的核心问题和关键举措。曹倩（2019）从政策、金融组织、产品和科技等四方面探讨了我国绿色金融体系的创新发展路径。

（二）政策导向与绿色金融发展

韩立岩（2010）通过构建非出清市场均衡模型，表明政府对市场的引导是绿色金融发展的有效路径。胡春生（2013）认为政府支持绿色金融业务的发展的理论根源在于外部性和市场失灵，因此绿色金融是一种政策推动型金融。天大研究院课题组（2011）指出，发达国家的经验就表明了强有力的政策支持是绿色金融发展的重要保障。

从具体举措来看，政策支持包括绿色金融体系的标准化、完善相关法律制度和监管措施和完善绿色金融体系的风险防范机制等方面（曹倩，2019）。王去非（2016）以浙江为例，从自身发展、基础设施和生态环境三个层面梳理了主要问题，提出健全相关法律法规体系、加强绿色金融标准和信息评估体系建设、强化绿色金融配套保障措施等对策建议。颜文聪、吴伟军（2020）提出推进我国绿色金融改革应完善政策框架、推进绿色金融标准、持续增强地方绿色金融能力建设。

从广义角度来看，绿色金融的政策性金融体系建设也属于政策支持。如2007年，日本政策银行推出了环境评级贴息贷款业务；2009年，韩国政府成立了一个拥有3300亿韩元的可再生能源权益基金公司，投资于碳减排绿色行业，并设立了优惠利率的绿色金融产品（蔡玉平、张元鹏，2014）。

（三）市场导向的绿色金融发展

白钦先、丁志杰（1998）从可持续发展的角度探讨了金融发展在其中扮演的角色。谢孟哲、唐羽（2017）阐述了全球金融体系和可持续发展之间的联系，阐述了金融和资本市场对普惠绿色经济产生影响的机制。徐忠等（2018）认为绿色金融体系建设和国际合作能有效推动金融体系改革和市场双向开放。刘文勇（2018）归纳了当前绿色信贷资金不匹配、项目指引清晰度不够、绿色金融产品创新性不足等问题，提出了绿色金融在产业结构调整、金融市场开放中以及产品多样化发展等方面的政策建议。

还有学者聚焦碳金融研究，比如刘琦铀、张成科（2018）以广东为例，提出通过创新低碳衍生金融工具、完善信息共享披露机制等方式发展区域碳金融市场。王婷婷等（2016）采用分位数回归模型对中国 5 个区域型碳金融市场风险水平进行度量与实证检验，表明中国碳金融市场尚未成熟。柴尚蕾、周鹏（2019）运用非参数 Copula – CVaR 模型，综合考虑风险因子的多源性与相依性，对碳金融市场集成风险评估并探索构建预警体系。

第二节　经验事实

一、绿色金融体系构建

绿色金融体系是指通过绿色信贷、绿色债券、绿色股票指数和相关产品、绿色发展基金、绿色保险、碳金融等金融工具和相关政策支持经济向绿色化转型的制度安排。

2015 年 9 月，国务院发布了《生态文明体制改革总体方案》，其中第四十五条阐述了建立绿色金融体系的基本框架：一是推广绿色信贷，研究采取财政贴息等方式加大扶持力度，鼓励各类金融机构加大绿色信贷的发放力度，明确贷款人的尽职免责要求和环境保护法律责任。二是加强资本市场相关制度建设，研究设立绿色股票指数和发展相关投资产品，研究银行和企业发行绿色债券，鼓励对绿色信贷资产实行证券化。三是支持设立各类绿色发展基金，实行市场化运作。四是建立上市公司环保信息强制性披露机制。五是完善对节能低碳、生态环保项目的各类担保机制，加大风险补偿力度。六是在环境高风险领域建立环境污染强制责任保险制度。七是建立绿色评级体系以及公益性的环境成本核算和影响评估体系。八是积极推动绿色金融领域各类国际合作。

2016 年 8 月，由中国人民银行牵头起草《关于构建绿色金融体系的指导意见》，被国际公认为全球第一份比较完整的绿色金融政策框架，共有 35 条。可以把它的主要内容归纳为完善绿色金融界定标准、加强环境信息披露、健全绿色金融激励机制、构建绿色金融产品体系、推动开展国际合作等五个方面，这五个方面构成了绿色金融体系的"五大支柱"，如图 2-1 所示。

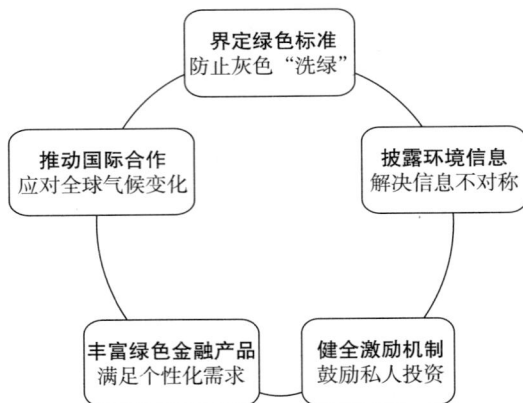

图 2-1　我国绿色金融体系的"五大支柱"

二、绿色金融产品现状

《关于构建绿色金融体系的指导意见》明确了支持和鼓励绿色投融资的一系列激励措施，包括通过再贷款、专业化担保机制、绿色信贷支持项目财政贴息、设立国家绿色发展基金等措施支持绿色金融发展。截至 2019 年年末，绿色信贷余额为 10.6 万亿元，2016—2019 年累计发行绿色债券 1.1 万亿元，成立绿色基金 700 余家。

（一）绿色信贷

绿色信贷是指投向绿色项目、支持环境改善的贷款。自 2007 年以来，我国先后制定出台了一系列政策和文件，以鼓励和倡导金融机构积极开展绿色信贷。绿色信贷的体系框架由四部分组成："绿色信贷指引""绿色信贷统计制度""绿色信贷考核评价体系"和银行自身的"绿色信贷政策"。

随着制度建设的完善，近几年，绿色信贷进入了全面发展阶段。2014 年银行业金融机构共同发起设立中国银行业协会绿色信贷业务专业委员会，2015 年 4 月成立中国金融学会绿色金融专业委员会。

从规模上看，根据银监会提供的数据，截至 2017 年 2 月，国内 21 家银行业机构①绿色信贷余额 7.5 万亿元，占所有信贷余额的 9%；绿色债券发行规模也从 2015 年的几乎空白，升至 2016 年的 2400 亿元，占全球总量的近40%，2017 年上半年发行量占比继续保持领先地位，全球占比超过 20%；截至 2017 年第一季度，我国绿色证券投资基金约 90 只，规模接近 800 亿元。除此之外，绿色产业发展基金、绿色信托、绿色保险等也获得长足发展。

据人民银行统计，截至 2018 年年末，全国银行业金融机构绿色信贷余额为 8.23 万亿元，同比增长 16%；全年新增 1.13 万亿元，占同期企业和其他单位贷款增量的 14.2%。2018 年绿色企业上市融资和再融资合计 224.2 亿元，如图 2-2 所示。

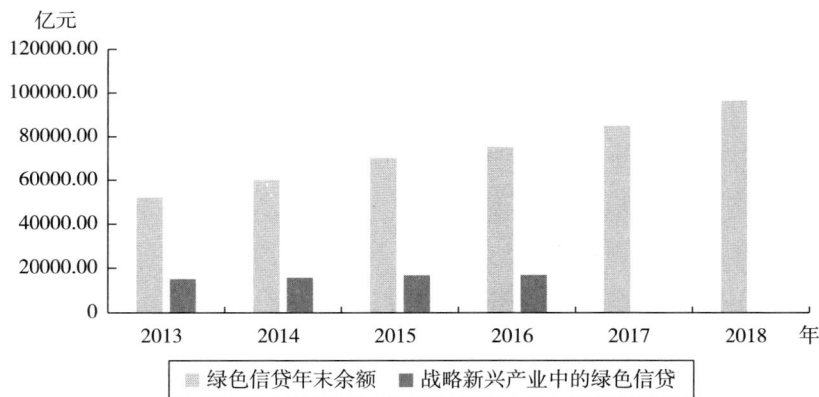

图 2-2 我国绿色信贷规模

（数据来源：Wind 数据库）

（二）绿色债券

绿色债券是近年来绿色金融领域发展较快的部分。从发行规模来看，从 2016 年到 2019 年，基本呈现稳步上升的态势，尤其是发行债券的数量，经历了较快的增长，从 2016 年的约 60 只，增长到 2019 年的接近 200 只，如

---

① 主要银行机构包括：国家开发银行、中国进出口银行、中国农业发展银行、中国工商银行、中国建设银行、交通银行、中信银行、中国光大银行、华夏银行、广发银行、平安银行、招商银行、上海浦东发展银行、兴业银行、中国民生银行、恒丰银行、浙商银行、渤海银行、中国邮政储蓄银行等 21 家银行机构。

4

图 2 - 3 所示。

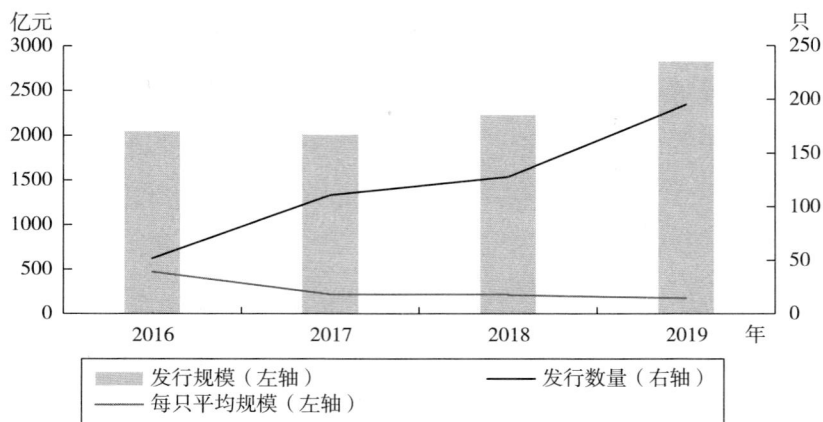

图 2 - 3 我国绿色债券发行规模与数量

（数据来源：Wind 数据库）

从债券指数角度看，2010 年 1 月到 2020 年 6 月，中债—中国绿色债券指数（以下简称绿债指数）和中债综合指数（以下简称综合指数）的走势基本一致，但是绿债指数从 2010 年 1 月的 101.2 增长到 2020 年 6 月的 169.5，增长幅度为 67.49%，而同期综合指数从 131.8 增长到 205.8，增幅为 56.15%，绿债指数增幅要比综合指数增幅高出约 11.34 个百分点，如图 2 - 4 所示。

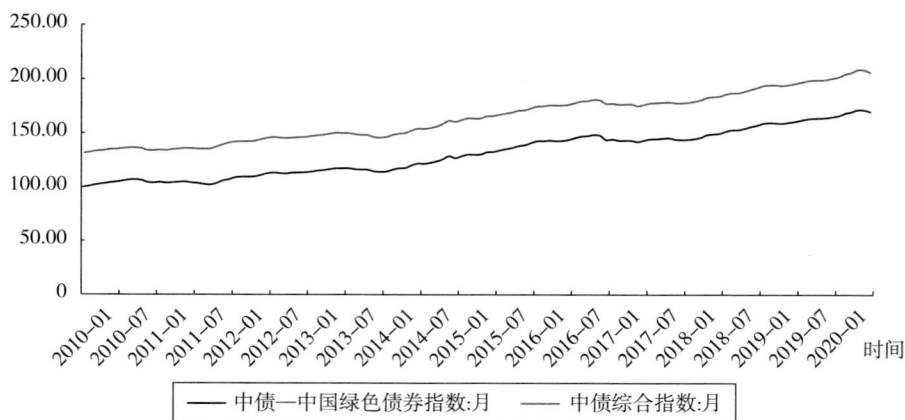

图 2 - 4 绿色债券指数与债券综合指数走势比较

（数据来源：Wind 数据库）

（三）绿色低碳 PPP 项目

绿色低碳 PPP（Public - Private Partnership，政府和社会资本合作）项目作为区域绿色发展的重要抓手，体现了政策导向和市场落地的结合，受到地方政府和市场主体的青睐。绿色低碳 PPP 项目覆盖范围较广，主要包括公共交通、可再生能源等多个领域。绿色低碳 PPP 项目的数量和规模在 2017 年以后经历快速增长，平均每个项目的金额基本保持稳定，如图 2 - 5 所示。

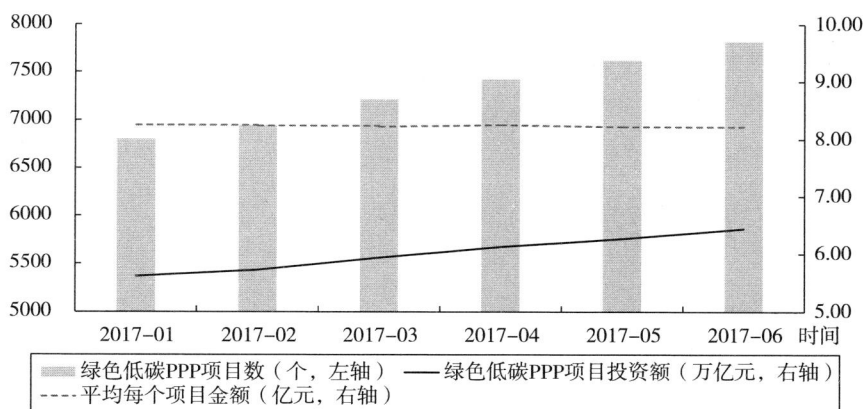

图 2 - 5　绿色低碳 PPP 项目数量与金额

（数据来源：Wind 数据库）

从相对比例来看，无论是绿色低碳 PPP 项目占 PPP 入库项目总数比例，还是占 PPP 入库项目总投资额比例，都基本保持稳定，略有下降。前者基本保持在接近 60% 的水平，后者大致维持在 40% 以上，投资金额比例要低于项目总数比例，说明总体来看，绿色低碳 PPP 项目的规模要小于所有 PPP 项目，如图 2 - 6 所示。

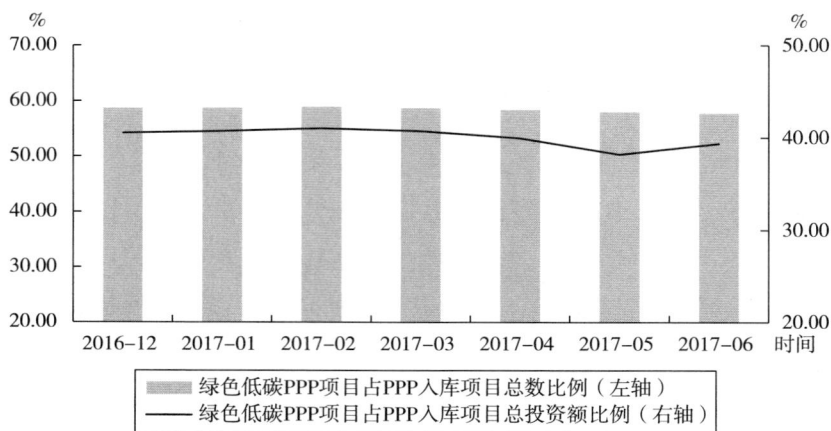

图 2-6 绿色低碳 PPP 项目占比

（数据来源：Wind 数据库）

三、绿色金融发展面临的挑战

（一）主要困难

由 G20 绿色金融研究小组发布的《G20 绿色金融综合报告（2016）》描绘了绿色金融国际合作的广阔前景，但也客观地陈述了当前面临的主要困难和挑战，具体包括外部性、期限错配、绿色定义的缺失、信息不对称和缺乏对环境风险的分析能力等方面。报告还区分了这些困难的共性和个性，如环境外部性内部化的困难、信息不对称、分析能力不足和缺乏对绿色概念的明确定义等属于绿色项目特有的。期限错配则属于多数长期项目的共性问题。从逻辑上看，这些问题可以分为三个层次："概念"问题、"经济"问题和"金融"问题。

第一个层次是"概念"的问题。即绿色定义的缺失。缺乏对绿色金融活动和产品的清晰定义，投资者、企业和银行就难以识别绿色投资的机会或标的，还可能阻碍环境风险管理、企业沟通和政策设计。此外，基于对绿色金融概念内涵和外延上的不同认识，还可能涉及各国要素资源禀赋、经济发展阶段、社会发展理念甚至地缘政治等更加复杂因素。

第二个层次是"经济"的问题，包括外部性和信息不对称。这两个方面实际上是经济学中"市场失灵"的老问题。困难之处在于解决的思路相互矛盾冲突：一种思路认为既然这些问题是市场失灵造成的，那么就要发挥政府的作用，纠正或者弥补市场失灵。另一种思路认为，即使存在市场失灵，也不能政府干预，因为同样可能存在政府失灵问题。理由包括政府干预可能造成更大的扭曲，政府失灵危害更大。因此这种失灵可以通过制度建设逐步消除。

第三个层次是"金融"的问题，包括期限错配和缺乏对环境风险的分析能力。一方面，绿色项目多数属于长期项目，通常面临"融资难、融资贵"的问题；另一方面，一些金融机构由于分析能力不足，无法识别和量化环境因素可能导致的信用和市场风险。综合来看，导致资金供求双方不匹配，绿色金融存在资金缺口和风险隐患。

（二）解决思路

从上文的分析来看，当前绿色金融发展面临的问题大致由两个维度组成：绿色金融本身在概念上、经济学和金融学层次上的问题（层次问题）以及各国自身发展的问题（国别问题）。尽管这两个维度往往是交织在一起的，但是这并不影响解决问题时两方面的总体思路：分层解决和分国解决。

从分层解决的角度来看，要解决这三个层次的问题，首先要界定这些问题本身，再以针对性的举措来逐一解决。

针对"概念"问题，基本解决方案是求同存异，寻找最大公约数。以《G20 绿色金融综合报告（2016）》为例，由于各国资源禀赋和发展重点不同，G20 各国对于绿色金融的定义、目的和范围的理解也存在一定差异，部分国家认为绿色金融不应与经济发展和扶贫目标相冲突，并担心绿色金融的原则性倡议未来有可能演化为强制性的国际规则。面对这一诉求，我国提出求同存异，各国可以根据国情提出自己的定义，在此基础上提炼出各方能够接受的核心内涵，同时强调发展绿色金融以自愿为基础，最终推动各方达成共识。

针对经济问题，基本思路是处理好市场与政府的关系。例如，针对绿色金融的外部性问题，需要根据各国的实际情况采取有效的内部化举措。具体来说，需要首先量化每一类生产和消费活动所产生（减少）的污染，然后设计相应的财政、金融和其他政策将其内生化。政策的实施效果也需要量化评估。国际上已有一些实用的量化方法。英国 Trucost 公司提出了"自然资本负债"的概念。例如，温室气体排放、水资源消耗、垃圾生成都是对"自然资本"的侵蚀。该公司建立环境模型并结合专家测算，量化企业和投资者的行为所产生的环境危害和风险。量化结果不仅包括"自然资本"变化，也可以直接换算为经济价值以供投资者参考。该公司已收集超过 4500 家上市公司的"自然资本负债"年度数据，合作方包括苏格兰皇家银行和纽约证券交易所等。

针对金融问题，基本思路是要构建和完善相应的绿色金融体系，有效发挥金融功能。解决期限错配的基本途径包括通过金融创新发展直接融资和优化信贷工具，比如发展绿色债券市场和其他以绿色项目收益为支持（抵质押）的融资工具等。在增强金融机构对环境风险的分析能力方面，核心方法是在实践中积累经验，提高风险管理水平。《2017 年 G20 绿色金融综合报告》指出，绿色金融进一步发展所面临的挑战之一，就是金融机构对环境因素可能转变为金融风险的认识不足，且许多金融机构尚不具备识别环境风险和量化评估其影响的能力。报告指出，若金融机构不能有效地考虑环境因素，就可能无法对环境相关的金融风险进行适当定价，从而可能高估污染性和高排放行业的价值和投资机会，低估绿色行业的投资潜力，不利于绿色金融的进一步发展。为鼓励金融业开展环境风险分析，报告提出了五项可选措施：提升对环境风险分析重要性的认识、改善环境数据的质量和可用性、鼓励公共机构评估环境风险及其财务影响、评估并明确金融机构在应对环境问题方面的责任、加强金融业环境风险分析的能力建设。

从分国解决的角度来看，核心是提出解决发展绿色金融过程中各种问题的工具箱，由各国因地制宜地自主选取。例如经过研究分析，研究小组提出了一系列供 G20 和各国政府自主考虑的可选措施，主要可选措施包括：提供支持绿色投资的政策信号、推广绿色金融自愿原则、扩大能力建设网络、支持本币绿色债券市场发展、推动跨境绿色债券投资、推动环境风险问题的研讨以及完善绿色金融指标体系等。各种政策工具与面临问题、所属层次方面也大致存在着一定的对应关系，如表 2 - 1 所示。

表 2 - 1　　　　　　　　绿色金融发展面临的问题和解决举措

面临问题	所属层次	解决举措
绿色定义的缺失	概念	扩大能力建设学习网络； 完善对绿色金融活动及其影响的测度
外部性	经济	推广绿色金融自愿原则
信息不对称	经济	提供战略性政策信号与框架
期限错配	金融	支持本币绿色债券市场发展； 开展国际合作，推动跨境绿色债券投资
缺乏对环境风险的分析能力	金融	推动环境与金融风险问题的交流

第三节　理论框架

一、金融结构与绿色金融发展

（一）结构视角的绿色金融发展

金融发展可以从两个层面考察，即金融规模与金融结构。金融发展，一方面提供投资所需要的资本，另一方面也提供从储蓄转化为投资的工具。因此，发展绿色金融，同样离不开这两个方面，一是绿色金融规模的增加[1]；二是绿色金融内部结构的优化，即不同种类的绿色金融产品和服务的比例根据绿色经济发展的需要不断调整优化。

金融发展，一方面带来金融规模的增加，这是基础；另一方面也需要金融结构的优化，这是发展。绿色金融占所有金融比重的提升，这本身就是总体上金融结构优化的一种体现。因此，可以参照金融结构的含义，把绿色金融结构分为三个层次的含义：第一个层次是绿色金融规模与经济规模的关系，

---

[1]　如果绿色金融增长速度超过金融整体增长速度，即绿色金融占整体金融的比例上升，则体现了金融结构的优化。

即类似于戈登史密斯的金融相关率（FIR）的绿色金融相关率（Green FIR，GFIR）。第二个层次是金融业内部的不同子业态和不同类型的金融资产规模之间的比例关系，常见的是直接融资规模与间接融资规模之间的比例，或者是绿色金融、科技金融等规模占金融总规模之间的比例。第三个层次是绿色金融内部的结构关系，包括各类绿色金融工具的比例。

从供给角度来看，绿色金融发展需要与资本、劳动、技术、资源环境等要素进行互动，即形成和发展绿色资本、绿色劳动、绿色技术和绿色环境。第一，发展绿色资本意味着在资本品（固定资本）中，要提升绿色资本所占比重。第二，发展绿色劳动意味着一方面要加大劳动力与绿色资本结合的紧密度和普遍度，另一方面也要增加人力资源本身的绿色权重，增加劳动过程中的绿色意识和绿色产出。第三，发展绿色技术，这是从供给侧推动绿色发展的核心和关键因素。第四，发展绿色环境，通过绿色技术更好地处理人与自然、生产过程与环境资源的关系。

从需求角度来看，绿色金融发展需要与投资、消费、政府购买和进出口等拉动经济增长的主要动力深度融合，即形成和发展绿色投资、绿色消费、绿色财政和绿色国际经济往来。第一，倡导和发展绿色投资意味着强化投资的环境和社会责任，减少其负面影响。第二，倡导和发展绿色消费，这是从需求侧发展绿色金融的核心和关键因素，从需求的终端来促进和激励绿色发展。第三，倡导和发展绿色财政，推动政府部门在绿色发展领域起到带头和示范作用。第四，倡导和发展绿色国际经济往来，积极营造和优化全球绿色发展的生态环境，如图2-7所示。

（二）绿色金融体系的目标

构建绿色金融体系主要目的是动员和激励更多社会资本投入到绿色产业，同时更有效地抑制污染性投资。构建绿色金融体系，不仅有助于加快我国经济向绿色化转型，支持生态文明建设，也有利于促进环保、新能源、节能等领域的技术进步，加快培育新的经济增长点，提升经济增长潜力。

建立健全绿色金融体系，需要金融、财政、环保等政策和相关法律法规的配套支持，通过建立适当的激励和约束机制解决项目环境外部性问题。同

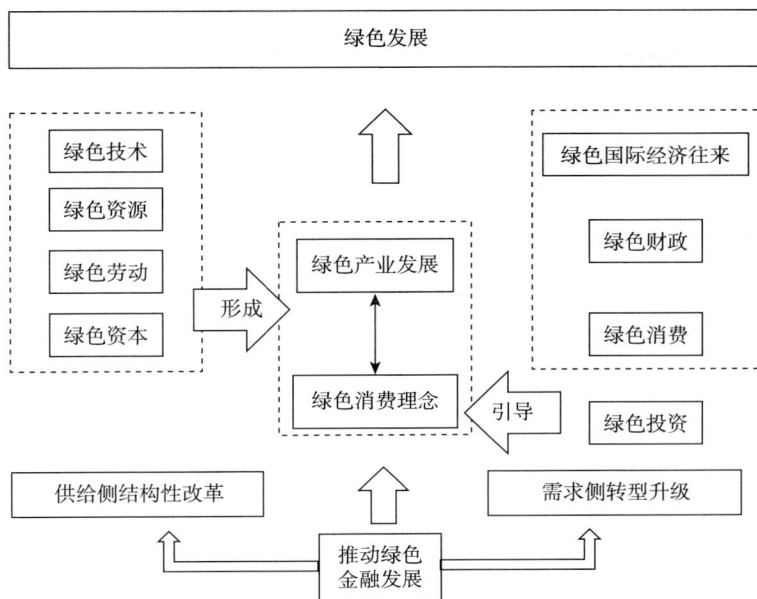

图 2 – 7 绿色金融发展推动绿色发展的逻辑基础

时，也需要金融机构和金融市场加大创新力度，通过发展新的金融工具和服务手段，解决绿色投融资所面临的期限错配、信息不对称、产品和分析工具缺失等问题。

构建绿色金融体系的主要目的可以概括为"一降一提一强化"，即降低污染型项目的投资回报率和融资的可获得性；提高绿色项目的投资回报率和融资的可获得性；强化企业社会责任意识和消费者环保意识。

绿色金融体系的建设应达到两个目标：一是提高绿色项目的投资回报率和融资的可获得性，二是降低污染型项目的投资回报率和融资的可获得性。简而言之，就是要为绿色项目解决"融资难、融资贵"的问题，同时让污染项目变得"融资难、融资贵"。以此改变整个投资结构，使资金转向更为绿色的行业。

（三）绿色金融的指标体系

1. 绿色金融体系衡量的维度

可以分为三种维度：（1）由企业、金融机构、投资者以及中介机构等市场主体；（2）由各类金融产品与服务构成的客体；（3）市场环境。

绿色金融市场的主体，包括融资企业，以及金融机构和投资者，是绿色理念、绿色发展目标的践行者。相关主体在经营和投资行为中，对资源节约、环境保护及可持续发展的关注，是绿色金融市场区别于普通金融市场的基本特征。

2. 绿色金融指标体系

和绿色金融体系的三个维度相对应，绿色金融指数体系包括市场主体绿色绩效指数、绿色产品指数、绿色金融市场发展指数三大类。

绿色绩效指数是构建绿色产品指数的基础，也反映了市场对绿色理念的认识与认同。联合国责任投资原则组织（UN－PRI）提出的 ESG 框架是影响最为广泛的绿色绩效评价体系，支撑着全球规模巨大的社会责任投资。

绿色金融产品指数包括绿色股票、债券和综合指数，在欧美市场发展较为成熟，并衍生出大量指数基金等产品。

绿色金融市场发展指数通过分析绿色金融市场资金配置效果，以及市场流动性，以反映市场总体发展情况。

二、示意性分析框架

（一）外部性

发展绿色金融的理论基础是发挥金融资源配置和风险管理功能，将环境外部性"内部化"。外部性（Externality）是指经济主体对他人造成损害或带来利益，却不必为此支付成本或得不到应有的补偿。外部性可以分为正外部性（积极的外部影响或称外部经济）和负外部性（消极的外部影响或称外部不经济）。

在解决环境污染的外部性问题上，焦点主要集中在如何界定与有效消除负外部性上，将污染外部性问题内部化就是行之有效的方式之一。所谓环境污染外部性的内部化，就是使生产者或消费者产生的外部费用，进入它们的生产和消费决策，由它们自己承担或"内部消化"，从而弥补外部成本与社会成本的差额，以解决环境污染外部性问题。在环境领域，内部化外部成本的常见的经济手段有：向经济人征税、界定资源的产权和实行排污权交易制度等措施。

外部性理论发展大致经历了三个阶段。第一阶段，马歇尔提出"外部经济"理论。马歇尔是英国"剑桥学派"的创始人，是新古典经济学派的代表。外部性概念源于马歇尔1890年发表的《经济学原理》中提出的"外部经济"概念。

第二阶段，庇古的"庇古税"理论。庇古于1920年出版了代表作《福利经济学》，首次用现代经济学的方法从福利经济学的角度系统地研究了外部性问题，在马歇尔提出的"外部经济"概念基础上扩充了"外部不经济"的概念和内容，将外部性问题的研究从外部因素对企业的影响效果转向企业或居民对其他企业或居民的影响效果。外部性实际上就是边际私人成本与边际社会成本、边际私人收益与边际社会收益的不一致。通过经济模型可以说明，存在外部经济效应时纯粹个人主义机制不能实现社会资源的帕累托最优配置。

既然在边际私人收益与边际社会收益、边际私人成本与边际社会成本相背离的情况下，依靠自由竞争是不可能达到社会福利最大的，于是就应由政府采取适当的经济政策，消除这种背离。政府应采取的经济政策是：对边际私人成本小于边际社会成本的部门实施征税，即存在外部不经济效应时，向企业征税；对边际私人收益小于边际社会收益的部门实行奖励和津贴，即存在外部经济效应时，给企业以补贴。庇古认为，通过这种征税和补贴，就可以实现外部效应的内部化。这种政策建议后来被称为"庇古税"。

庇古税在经济活动中得到广泛的应用。在基础设施建设领域采用的"谁受益，谁投资"的政策、环境保护领域采用的"谁污染，谁治理"的政策，都是庇古理论的具体应用。排污收费制度已经成为世界各国环境保护的重要经济手段，其理论基础也是庇古税。

第三阶段，科斯的"科斯定理"。科斯是新制度经济学的奠基人，在《社会成本问题》（1960）一文中，科斯多次提到庇古税问题。从某种程度上讲，科斯理论是在批判庇古理论的过程中形成的。科斯对庇古税的批判主要集中在如下几个方面。

第一，外部效应往往不是一方侵害另一方的单向问题，而具有相互性。第二，在交易费用为零的情况下，庇古税根本没有必要。第三，在交易费用不为零的情况下，解决外部效应的内部化问题要通过各种政策手段的成本——收益的权衡比较才能确定。也就是说，庇古税可能是有效的制度安排，也可能是低效的制度安排。

上述批判就构成所谓的科斯定理：如果交易费用为零，无论权利如何界定，都可以通过市场交易和自愿协商达到资源的最优配置；如果交易费用不为零，制度安排与选择是重要的。这就是说，解决外部性问题可能可以用市场交易形式即自愿协商替代庇古税手段。

随着20世纪70年代环境问题的日益加剧，市场经济国家开始积极探索实现外部性内部化的具体途径，科斯理论随之而被投入到实际应用之中。在环境保护领域排污权交易制度就是科斯理论的一个具体运用。科斯理论的成功实践进一步表明，"市场失灵"并不是政府干预的充要条件，政府干预并不一定是解决"市场失灵"的唯一方法。

（二）生产者视角

接下来从生产者角度加以说明。为了简化分析过程，这里应用一个高度简化的模型加以示意性说明。假定可以把生产要素按照是否环境友好，分为一般生产要素 F（Factors）和绿色生产要素 GF（Green Factors）。一般生产要素 F 会对环境产出负面影响，绿色生产要素 GF 对环境影响则是中性的。

首先假定在完全竞争市场上，某一家厂商，运用一般的生产要素，会对环境产生负面影响，假定为 -ELP，即生产带来的负外部性。

负外部可以通过以下几种方式处理：

（1）政府征收环境税（Environmental Tax for Producer，ETP）；

（2）企业可以通过向相关受损者支付补偿（Environmental Compensation，EC）；

（3）企业可以通过技术改造投入（Environmental Technology Investment，

ETI），减少或者消除环境负面影响。

考虑以下不同的情景：

情景1：存在负外部性，不需要企业负担。

此时，企业将采用一般生产要素，生产数量为Q_1是产品。

情景2：存在负外部性，需要企业负担。

此时企业需要考虑负外部性、技术投入、庇古税、环境补偿等因素，在较低成本的非环境友好要素、成本较高的环境友好要素之间进行权衡取舍，企业会选择成本最小的行为，即

$$\min_{i=3}(ETP,EC,ETI) \qquad\qquad (2-1)$$

此时生产数量为Q_2，如图2-8所示。一般地，由于存在负外部的内部化、税收等因素的影响，情景2的产量将减少。此时，$Q_1 > Q_2$。

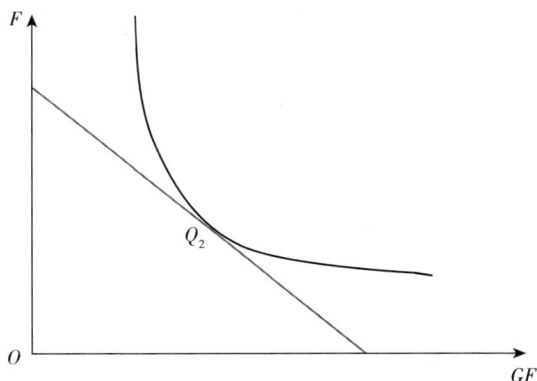

图2-8 普通生产与绿色生产的生产者均衡

情景3：存在负外部性，需要企业负担。由于技术进步，企业选择技术改造增加绿色要素投入。

情景3属于情景2的一种特例，即假定，由于绿色技术进步，$\min_{i=3}(ETP,EC,ETI)=ETI$，则此时，绿色生产要素相对价格下降，此时企业可以购买更多的环境友好型要素，两类要素投入的比例发生变化，生产者均衡也发生变化，可生产产量为Q_3，$Q_3 > Q_2$，如图2-9所示。

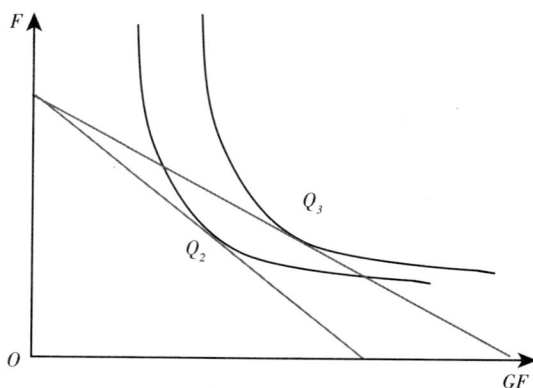

图 2-9 绿色技术偏向的生产者均衡

从这个简化的分析来看，绿色技术进步是绿色生产的关键推动因素之一。

如果从产业角度看，由于绿色技术进步，会导致该产业总体的绿色要素投入增加，绿色产业占比提升，经济结构得到优化，绿色发展取得实效。

我国目前主要涵盖节能环保产业、清洁生产产业、清洁能源产业、生态环境产业、基础设施绿色升级和绿色服务等产业。2019 年 3 月由国家发展改革委、工业和信息化部、自然资源部、生态环境部、住房和城乡建设部、中国人民银行和国家能源局联合印发了《绿色产业指导目录（2019 年版）》及解释说明文件（以下简称《目录》），是我国建设绿色金融标准工作中的又一重大突破，也是我国目前关于界定绿色产业和项目最全面最详细的指引，如表 2-2所示。《目录》属于绿色金融标准体系中"绿色金融通用标准"范畴，有了《目录》这一通用标准，绿色信贷标准、绿色债券标准、绿色企业标准以及地方绿色金融标准等其他标准就有了一个统一的基础和参考，有助于金融产品服务标准的全面制定、更新和修订。随着绿色金融各项标准的不断出台与落地，将有效促进和规范我国绿色金融健康、快速发展，我国绿色金融将迎来标准的逐步统一。

表2-2 《绿色产业指导目录（2019年版）》一二级目录

一级目录		二级目录	
1	节能环保产业	1.1	高效节能装备制造
		1.2	先进环保装备制造
		1.3	资源循环利用装备制造
		1.4	新能源汽车和绿色船舶制造
		1.5	节能改造
		1.6	污染治理
		1.7	资源循环利用
2	清洁生产产业	2.1	产业园区绿色升级
		2.2	无毒无害原料替代使用与危险废物治理
		2.3	生产过程废气处理处置及资源化综合利用
		2.4	生产过程节水和废水处理处置及资源化综合利用
		2.5	生产过程废渣处理处置及资源化综合利用
3	清洁能源产业	3.1	新能源与清洁能源装备制造
		3.2	清洁能源设施建设和运营
		3.3	传统能源清洁高效利用
		3.4	能源系统高效运行
4	生态环境产业	4.1	生态农业
		4.2	生态保护
		4.3	生态修复
5	基础设施绿色升级	5.1	建筑节能与绿色建筑
		5.2	绿色交通
		5.3	环境基础设施
		5.4	城镇能源基础设施
		5.5	海绵城市
		5.6	园林绿化
6	绿色服务	6.1	咨询服务
		6.2	项目运营管理
		6.3	项目评估审计核查
		6.4	监测检测
		6.5	技术产品认证和推广

（三）消费者视角

接下来从消费者角度加以说明。为了简化分析过程，同样应用一个高度简化的模型加以示意性说明。假定可以把消费者可选的商品和劳务按照是否环保，分为一般商品 G（Goods）和绿色商品 GG（Green Goods）。一般商品 G 会对环境产出负面作用（比如包装、商品使用以后会产生垃圾），绿色商品 GG 对环境影响则是中性的。

首先假定在完全竞争市场上，消费者选择一般商品，会对环境产生负面影响，假定为 - ELC，这就是消费引起的负外部性。负外部可以通过以下几种方式处理：

（1）商品本身附加环境税（Environmental Tax for Consumer，ETC）；

（2）消费者自愿捐赠（Environmental Donation，ED）；

（3）企业改变消费者偏好带来的教育和普及费用（Environmental Education，EE），减少或者消除环境负面影响。

情景 1：存在负外部性，不需要消费者负担。

此时，消费者将购买一般商品，消费产生效用为 U_1 是商品。

情景 2：存在负外部性，需要消费者负担。

此时消费者需要考虑环境附加税、自愿捐赠、接受环保教育成本等因素，在一般商品和绿色商品之间进行权衡取舍，消费者会选择成本最低、效用最高的商品（组合），即

$$\min_{i=3}(ETC,ED,EE) \tag{2 - 2}$$

此时效用为 U_2 产品，如图 2 - 10 所示。一般地，由于存在负外部的内部化、税收等因素的影响，情景 2 的效用将减少。此时，$U_1 > U_2$。

情景 3：存在负外部性，需要消费者负担。但由于（1）技术进步，绿色商品价格下降；（2）消费者偏好发生变化，更乐意接受绿色商品，则消费者均衡发生变化。

情景 3 属于情景 2 的一种特例，即假定，由于技术进步和消费者偏好发生变化，$\min_{i=3}(ETP,EC,ETI) = ETI$，则此时，绿色商品的吸引力相对变大，此时消费者可以购买更多的环境友好型商品，效用更大，两类商品的比例发生变化，

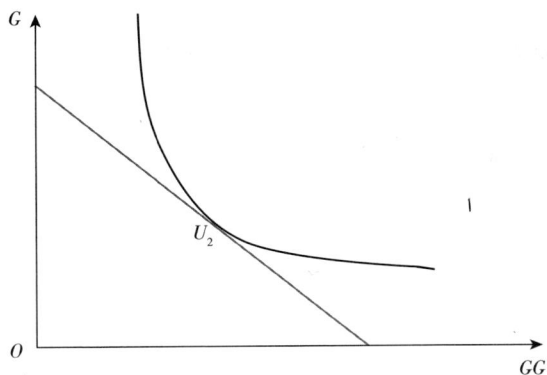

图 2 – 10 普通消费与绿色消费的消费者均衡

消费者均衡也发生变化，可产生效用为 U_3，$U_3 > U_2$，如图 2 – 11 所示。

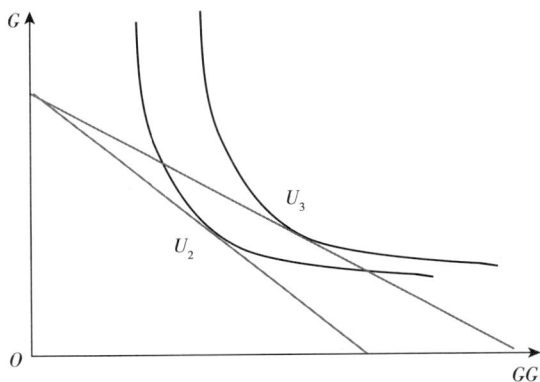

图 2 – 11 绿色消费偏向的消费者均衡

（四）一般均衡

一般均衡分为三个层次：生产者均衡、消费者均衡和市场均衡。因此假定：

（1）社会上只存在两个消费者和两种产品；

（2）社会上只存在两个生产者和两种生产要素；

（3）资源（生产要素）的总量和产品与要素的价格既定；

（4）人们所追求的是效用最大化和利润最大化。

生产者最优：对于生产者 A，B 而言，一般生产要素 F 和绿色生产 GF 之间的边际技术替代率满足：

$$MRTS_{F,GF}^A = MRTS_{F,GF}^B \qquad (2-3)$$

消费者最优：对于消费者 C，D，消费两种商品，即一般商品 G，绿色商品 GG，均衡条件是：

$$MRS_{G,GG}^C = MRS_{G,GG}^D \qquad (2-4)$$

帕累托最优的实现机制：在完全竞争条件下，经济自动达到的一般均衡状态下，满足生产均衡：

$$MRTS_{F,GF}^A = MRTS_{F,GF}^B = \frac{p_F}{p_{GF}} \qquad (2-5)$$

满足消费均衡：

$$MRS_{G,GG}^C = MRS_{G,GG}^D = \frac{P_F}{P_{GF}} \qquad (2-6)$$

生产和交换的帕累托最优条件是产品的边际替代率等于边际转换率，即

$$MRTS_{F,GF} = MRS_{G,GG} \qquad (2-7)$$

（五）区域特征

由于以上的一般均衡分析是基于完全竞争假设和不存在外部性的情况，不符合实际发展过程中情况，尤其是不同区域的市场机制、政策推动情况存在较大差别，因此在考察区域均衡时，需要结合区域市场经济状况和政策环境特征。对于外部性的解决，大致可以分为两类思路，一是政府干预，通过政策推动加以弥补；二是通过深化市场改革，释放活力。

从政策推动角度看，主要是降低环境友好型要素投入的相对成本，具体举措包括：

（1）罚款。增加非环境友好型要素的成本。

（2）补贴。降低使用环境友好型要素的成本。

（3）调节税收。可同时发挥前两者作用，比如增加非环境友好型要素的税负，增加非环境友好型要素的成本；减免使用环境友好型要素的税负，降低使用环境友好型要素的成本。

从发挥市场效果角度看，主要的举措包括：

（1）降低环境友好型要素市场的交易成本。

（2）发展绿色金融市场的资源配置作用。

（3）发展环境权益交易市场的资源配置作用。

因此，根据区域的特征和已有基础，可以选择侧重政策导向、市场导向或者平衡发展。

三、绿色金融与高质量发展

金融发展对经济增长的作用，主要是通过影响储蓄率和技术进步，进而对经济增长产生作用。[①] 下面从绿色金融的视角，分析金融发展、结构优化如何影响绿色发展。

经济增长与经济转型

我们把经济增长（Y）定义为两个层面的含义，即传统增长（Y_T）和绿色发展（Y_G）。传统增长方式是指主要依靠增加资金、资源的投入来增加产品的数量，推动经济增长的方式。传统增长对资源环境造成负面影响。绿色发展则主要依靠科技进步和提高劳动者的素质来增加产品的数量和提高产品的质量，推动经济增长的方式。绿色发展不会对资源环境造成负面影响。经济转型就是由传统增长向绿色发展转变。

由此，我们定义总产出 Y 由两部分组成，传统增长的产出 Y_T 和绿色生产方式发展的产出 Y_G，则：

$$Y = Y_T + Y_G$$
$$Y_T = F_T(K_T, L_T)$$
$$Y_G = F_G(K_G, L_G \cdot E) \qquad (2-8)$$

假定 Y_T 对应于新古典增长模型中的最简模型，Y_G 对应于新古典增长模型

---

① 不论是新古典经济模型，还是内生增长模型，其基本的着眼点在于经济增长，表现为人均产出的增加，而经济增长的根本动力在于技术进步。两者的分歧在于技术进步是外生给定的还是具有内生性。

中的绿色技术进步模型。生产函数 F_T 对应的部门可以称为传统部门，而生产函数 F_G 对应的部门可以称为绿色发展部门。投入到传统部门的资本为 K_T，投入到绿色发展部门的资本为 K_G。在传统部门工作的劳动力为 L_T，在绿色发展部门工作的劳动力为 L_G。在绿色发展部门，还有绿色技术进步因素 E。

为了研究问题的方便，假设两个部门，即两种生产方式下出产的产品没有差异，区别仅在于这两种生产方式的生产函数不同。

我们定义 $\lambda = \dfrac{Y_G}{Y}$，则 $Y_G = \lambda Y$，$Y_T = (1 - \lambda)Y$，$0 \leqslant \lambda \leqslant 1$

特别的，$Y = \begin{cases} Y_T, if\lambda = 0 \\ Y_G, if\lambda = 1 \end{cases}$ （2-9）

在经济转型之前，极端情况下，所有产出均出自 Y_T 函数，即有 $\lambda = 0$。所谓转型，即为 $\lambda \to 1$ 的过程。而发展绿色金融推动绿色发展的主要动力，就在通过绿色金融，引导各个要素从传统生产部门 Y_T 流向绿色发展部门 Y_G，并且通过促进绿色技术进步和引导绿色消费，使总的社会福利增加。

本章小结

本章以绿色金融相关文献综述和我国绿色金融发展的经验事实为基础，从结构优化的角度，构建了绿色金融发展影响经济发展的基本分析框架。

从供给角度看，绿色金融发展需要与资本、劳动、技术、资源环境等要素进行互动，即形成和发展绿色资本、绿色劳动、绿色技术和绿色环境。从需求角度看，绿色金融发展需要与投资、消费、政府购买和进出口等拉动经济增长的主要动力深度融合，即形成和发展绿色投资、绿色消费、绿色财政和绿色国际经济往来。从生产者角度而言，主要通过绿色金融支持绿色技术进步，降低绿色生产成本；从消费者角度而言，一方面通过绿色技术进步降低绿色产品价格，另一方面通过绿色环保教育，影响消费者偏好，增加绿色消费的效用。

从实践方面看，由于不同区域市场机制和制度环境的差异，绿色金融发展外部性内部化的策略有所区别，这为有针对性地制定区域绿色金融发展的策略奠定了基础。

第三章　生产者视角的绿色金融发展

第一节　金融发展与高质量发展

绿色发展是高质量发展的重要表现。党的十九大报告中指出，中国经济已由高速增长阶段转向高质量发展阶段。高质量发展至少有两个基本维度：一是拉动经济增长的动力由主要依赖要素驱动逐步转换到更加倚重技术进步，提升全要素生产率（Total Factor Productivity，TFP）上来；二是在发展方式上，由粗放式发展转换到更加环境友好的绿色发展上来。从经济学的角度来看，前者更加注重长期增长的动力，后者更加侧重对可持续发展约束条件的关注。

绿色发展的概念可以追溯到 20 世纪 60 年代美国学者博尔丁、戴利、皮尔斯等人有关宇宙飞船理论、稳态经济、绿色经济、生态经济的一系列论述（杨多贵等，2001）。由于绿色发展的指标体系十分复杂，比如经济合作与发展组织（Organization for Economic Co – operation and Development，OECD）构建了一套完整的涵盖经济、环境和人类福祉等方面的绿色增长指标体系；联合国环境规划署（United Nations Environment Programme，UNEP）的 UNEP 绿色经济衡量框架主要涵盖经济转型、资源效率、社会进步和人类福祉等三个方面的内容，（刘明广，2017）从绿色生产、绿色生活、绿色环境和绿色新政四个分类维度构建；从数据可得性和可比性角度来看，本章采用人均碳排放量指标来测度。而关于高质量增长的讨论日渐丰富，但是从定量分析的角度来看比较缺乏。与田艳平等（2018）一致，本章采用 TFP 指标来进行定量分析。

从人均碳排放量的比较来看，截至 2014 年，沙特阿拉伯最高，其次是美国，但美国人均碳排放量已经从高点的 22.5 吨减少到 16.5 吨左右，下降幅度约为 25%。人均碳排放量最少的是印度和印度尼西亚，2014 年年底数值均在 2 吨以内，如图 3 - 1 所示。

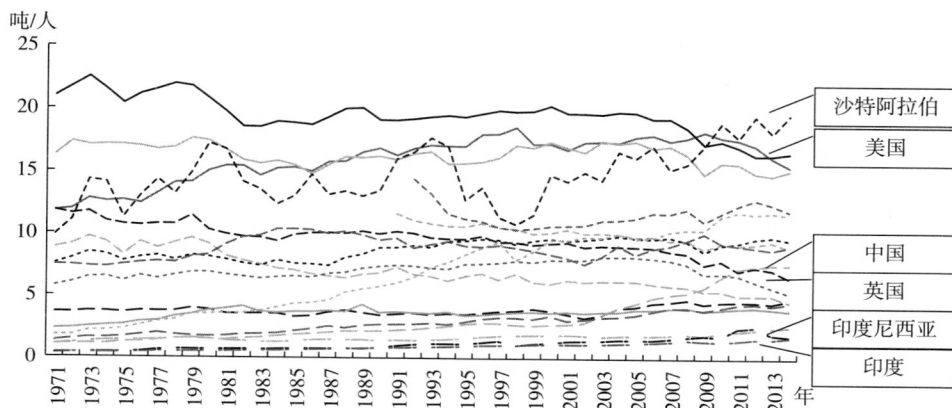

图 3 - 1 G20 国家人均二氧化碳排放量

（数据来源：世界银行）

目前看，中国的人均碳排放量水平处在 G20 国家的中等水平，为 7.5 吨左右。这个水平在近年来已经超过了同处于中等水平的英国（6.5 吨）。从动态比较来看，从 1971 年到 2014 年，中国人均碳排放量从 1.0 吨增加到 7.5 吨，尤其是自 2001 年以后，我国人均碳排放量呈现加速上涨的趋势，但这种上升趋势在 2011 年以后显著放缓。而英国人均碳排放量从 11.8 吨下降为 6.5 吨，降幅约为 45%。

从经验特征来看，G20 国家人均二氧化碳排放量呈现出两个特征：一是发达经济体的人均碳排放水平整体上要高于新兴经济体；二是部分发达经济体的人均碳排放量出现了下降的趋势，与新兴经济体的差距正在缩小。

从相对全要素生产率比较来看（以美国为 1），比较接近美国的有法国、土耳其、德国、沙特阿拉伯，均超过美国的 90%。而我国的相对 TFP 则在改革开放以后逐步震荡上升，尤其是 2001 年加入世贸组织（WTO）以后呈现出显著上涨的态势，近年来维持在 40% ~ 50%，如图 3 - 2 所示。

从分布规律看，也存在两个特征：一是 G7 的 TFP 水平整体上高于新兴经济体；二是新兴经济体的全要素生产率正在不断提升，与 G7 的差距正在缩小。此外，部分新兴经济体，如俄罗斯和印度尼西亚的相对全要素生产率的波动幅度较大。

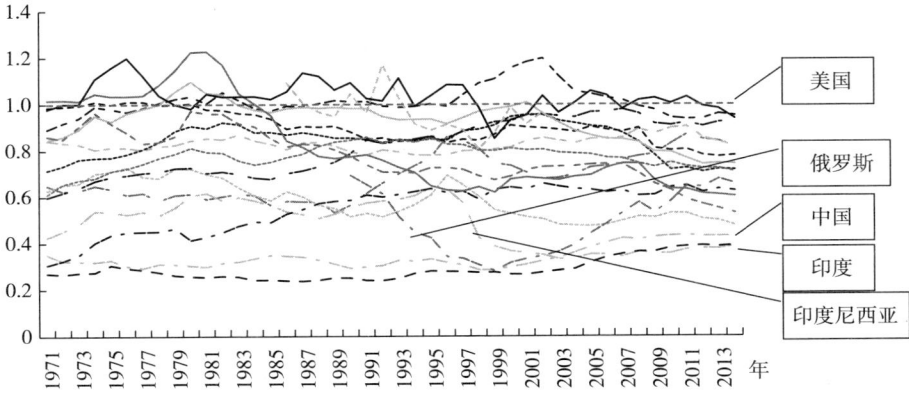

图 3 − 2 G20 国家相对 TFP（以美国为单位 1）

（数据来源：Penn World Table 9.0）

从发达国家（G7 成员国）来看，总体上，直接融资占比与人均碳排放之间呈现负相关关系，即较高的直接融资占比与较低的人均碳排放量相对应，典型的比如法国和德国，而美国的情况虽然二者也是负相关，但相对不太显著。从直接融资占比全要素生产率之间的关系来看，总体上呈现正相关关系，即较高的全要素生产率与较高的人均碳排放量相对应；但是从数据的拟合情况来看，比较分散，尤其是法国和英国的散点图显示二者之间的相关性并不显著，如图 3 − 3 所示。

据此可以初步判断，发达经济体的金融结构与人均碳排放呈现负相关关系，而与全要素生产率之间的关系并不那么直接和显著。因此，全要素生产率和人均碳排放之间的关系可能也比较复杂。

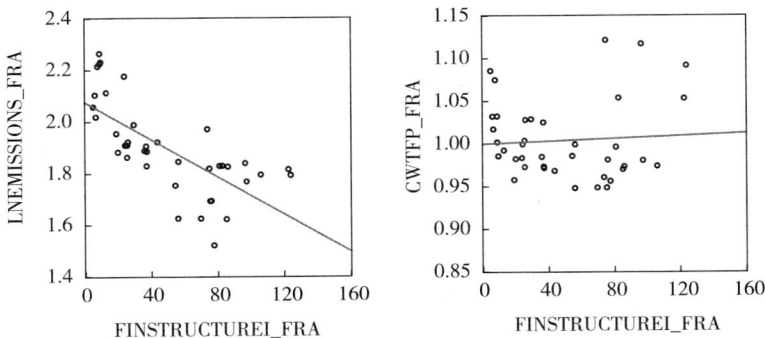

图 3 − 3 G7 国家金融结构与 TFP、人均碳排放的关系

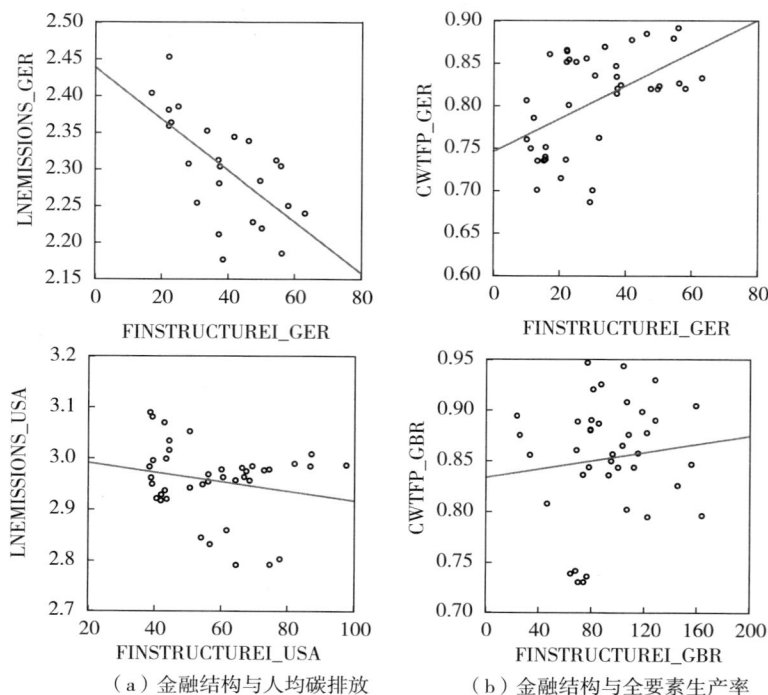

（a）金融结构与人均碳排放　　　　（b）金融结构与全要素生产率

图 3 - 3　G7 国家金融结构与 TFP、人均碳排放的关系（续）

第二节　金融发展、技术进步与绿色发展

一、引言

高质量发展是我国当前经济发展的主题，也是实现经济增长新旧动能转换、全面建成小康社会的关键所在。绿色发展是党的十八届五次全会提出实现"十三五"时期发展目标必须牢固树立并切实贯彻的五大发展理念之一。[①]

　　[①]　中国共产党第十八届中央委员会第五次全体会议于 2015 年 10 月 26 日至 29 日在北京举行。全会强调，实现"十三五"时期发展目标，破解发展难题，厚植发展优势，必须牢固树立并切实贯彻创新、协调、绿色、开放、共享的发展理念。

这二者之间又存在密切的相互关系，并可能存在内在的一致性关系，即绿色发展是高质量增长的表现之一，而高质量增长也必定是落实绿色发展理念的增长。

金融是现代经济的核心。改革开放以来，金融发展在推动我国经济增长，实现跨越式发展方面发挥了积极作用。但是在新时代、新常态条件下，金融发展本身也面临着自身转型升级的挑战，面临由规模扩张到结构优化的转变。

那么，金融发展与高质量增长和绿色发展之间有什么内在关联？从理论上看，金融发展，包括金融规模扩张和金融结构优化与高质量增长和绿色发展之间相互关联的逻辑基础是什么？它们之间是通过什么样的机制相互影响？是否有现实的证据能够支撑这些可能的相互关系和影响机制？这些都是本章试图考察的问题。

党的十九大报告中指出，我国经济已由高速增长阶段转向高质量发展阶段。什么是高质量发展？有哪些指标来测度高质量发展？高质量发展的动力在哪里？如何有效推动高质量发展？这是本节文献综述试图回答的问题。

有关金融发展与碳排放关系的文献，大致可以分为两类：一类是从金融发展影响经济增长和能源消费，进而影响碳排放的逻辑展开，另一类则从技术进步（Sadorsky，2010）、R&D（Tamazian，2009）、创新（严成樑等，2016）等角度切入考察二者的关系。前者是比较经典的视角，以经济增长、能源消费和环境的关系为核心（Grossman and Krueger，1991，1995），细化到具体的行业发展（齐绍洲、林屾，2017；Park et al.，2018），并向前延伸把金融发展因素考虑在内；后者则是近年来逐渐受到重视的新思路，重点考察金融发展可能的减排效应。

经济增长与能源消费关系的研究可追溯至 20 世纪 50 年代（例如 Frank，1959），此后逐渐由对美国的研究（例如 Janosi and Grayson，1972；Solow，1974）扩展到跨国比较研究（例如 Yu and Choi，1985）。随着世界银行公开发布数据，2010 年以后又涌现出大量研究。从经济增长与能源消费两者的因果关系考察，主要分为以下几种机制：最主流的观点认为能源消费能够促进经济增长（例如 Apergis and Payne，2009；Ozturk et al.，2010；Ouedraogo，2013；Aslan et al.，2014b）。相反的因果关系，即经济增长影响了能源消费也得到了一些支持（比如 Huang et al.，2008；Narayan et al.，2010；Kasman and Duman，2015）。此外还有支持互为因果（例如 Constantini and Martini，2010；Belke et al.，2011；Coers and Sanders，2013）以及支持无因果关系的研究（例如 Wolde - Rufael，2009；Smiech and Papiez，2014）。

2008 年全球金融危机的爆发，金融发展与能源消费、碳排放之间的关系受到更多的重视。总体上呈现两种效应：金融发展拉动能源消费以及金融发展减少能源消费。前者是金融发展通过促进经济增长，从而拉动能源消费（例如 Sadorsky，2010，2011；Aslan et al.，2014a；Rashid and Yousaf，2015）。Sadorsky（2011）把这种正向关系区分为三种效应，即直接效应（direct effect）、商业效应（business effect）和财富效应（wealth effect）。而对于后者，主要是金融发展带来的技术进步能减少能源消费，因此这种效应又被称为技术效应（Tamazian et al.，2009；Mahalik and Mallick，2014）。近期则有学者尝试把其他相关因素纳入金融发展与碳排放之间关系的考察中，比如收入不平等（Khan et al.，2018）、信息与通信技术与 TFP（Park et al.，2018）、全球化（Xu et al.，2018），但只是从经验研究的角度进行，并没有从理论上深入阐释内在的机制。

还有部分学者在研究中提出了经济金融因素与碳排放之间的非线性关系和异质性，最具代表性的就是 Grossman & Krueger（1991）提出的环境库兹涅兹曲线（Environmental Kuznets Curve，EKC）并在各类经验研究中得到支持。早期如 Grossman & Krueger（1995）提出经济增长对环境的作用呈现先恶化、再改善的特点，并且对于多数国家而言，这个拐点出现在人均 8000 美元左右（按 1985 年美元价格水平）。Javid & Sharif（2016）应用巴基斯坦 1972—2013 年的数据表明，金融发展引起人均碳排放的增加，尤其在金融发展的初期这种作用更加显著。陈欣、刘明（2015）发现金融发展对人均碳排放的整体影响并不显著，他们认为，这是具有不同发展阶段特征的区域产生不同作用互相抵消的结果。Xiong et al.（2017）发现，在中国的经济发达地区，金融发展减少了碳排放，而在经济欠发达地区，金融发展增长了碳排放。Maji et al.（2017）对马来西亚的研究发现，总体上金融发展增加了碳排放，但对于不同行业的效果不同。具体而言，金融发展增加了交通、能源的碳排放，减少了制造业和建筑业的碳排放。

二、研究设计

从上面的经验事实来看，我们可以得出两个基本事实：第一，从静态角度看，TFP 与人均碳排放之间存在正相关性，即较高的 TFP 大致对应于较高的人均碳排放量。第二，从动态角度看，或者考虑样本区间的异质性，发达国家 TFP 与人均碳排放之间存在一定的负相关性。因此，我们认为，单纯地考察 TFP 与人均碳排量放之间的关系，可能存在很大的内生性问题。

造成内生性问题的主要来源，主要包括反向因果和遗漏变量。从可能存在反向因果关系的角度看，可能性不大。因为从一般逻辑上分析，TFP 的提高，技术进步会导致人均碳排放量的减少，这个推断比较符合理论直观，而反向因果关系，即人均碳排放量的减少会提升 TFP 逻辑比较缺乏可靠的理论基础。因此，影响本章中的内生性问题更可能来自遗漏变量，包括影响 TFP 与人均碳排放的共同因素。综合来看，金融发展影响高质量增长和绿色发展的内在机制可以如图 3-4 所示。

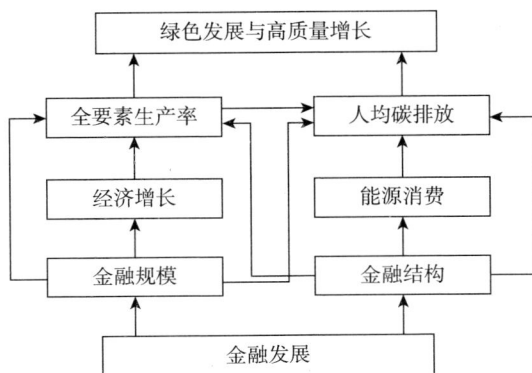

图 3-4　金融发展、高质量增长与绿色发展关系

可能共同影响 TFP 与人均碳排放量的一个重要的遗漏变量就是金融发展，尤其是金融发展中的结构性变化。金融发展可以从多个角度定义和描绘。本章主要从金融规模和金融结构两个层面考虑。一方面，金融发展，包括金融扩张和金融结构优化会促进经济增长，而经济增长会提升 TFP （Madsen，2007；Evers et al.，2009）；另一方面，金融发展又会增长能源消费（Sadorsky，2011），而能源消费与碳排放之间密切相关。

首先把金融发展、TFP 与人均碳排放量放到同一个分析框架中，主要采用面板 ARDL 方法初步检验预测性因果关系。[①] 采用 ARDL 时，人均碳排放量、TFP 与金融发展之间的长期关系可以表示为：

$$\ln EM_{i,t} = \delta_0 + \delta_1 TFP_{i,t} + \delta_2 FD_{i,t} + \mu_i + \rho_t + \tau_{i,t} \qquad (3-1)$$

而短期的误差修正方程可以表示为：

$$\Delta\ln EM_{i,t} = \gamma_0 + \sum_{i=1}^{k} \gamma_1 \Delta TFP_{i,t} + \sum_{i=1}^{k} \gamma_2 \Delta FD_{i,t} + \lambda_0 EM_{i,t} + \lambda_1 TFP_{i,t} +$$

$$\lambda_2 FD_{i,t} + \mu_i + \rho_t + \tau_{i,t} \qquad (3-2)$$

原假设是没有协整关系，即 $\lambda_0 = \lambda_1 = \lambda_2 = 0$，替代性假设是 $\lambda_0 \neq \lambda_1 \neq \lambda_2$。其中 EM 是人均碳排放量，TFP 是全要素生产率，FD 是金融发展，包括金融规模和金融效率两个层面。

在检验金融发展与高质量增长与绿色发展的内在机制时，根据上文的理论分析框架，我们提出以下研究假设：

假设 1：金融发展能够推动绿色发展。

假设 1a：金融规模扩张能够推动绿色发展。

假设 1b：金融结构优化能够推动绿色发展。

假设 2：金融发展能够推动高质量增长。

假设 2a：金融规模扩张能够推动高质量增长。

假设 2b：金融结构优化能够推动高质量增长。

我们的基准方程是：

$$\ln EM_{i,t} = \beta_0 + \beta_1 FD_{i,t} + \lambda_i X_{i,t} + \rho_i + \mu_t + \varepsilon_{i,t} \qquad (3-3)$$

$$\ln TFP_{i,t} = \beta_0 + \beta_1 FD_{i,t} + \lambda_i X_{i,t} + \rho_i + \mu_t + \varepsilon_{i,t} \qquad (3-4)$$

其中，EM 是人均碳排放量，TFP 是全要素生产率，FD 是金融发展，X

---

① 诺贝尔经济学奖得主克莱夫·格兰杰（Clive W. J. Granger）给因果关系的定义为"依赖于使用过去某些时点上所有信息的最佳最小二乘预测的方差"，遵循这种思路的因果关系检验就是"预测性因果关系"，这与采用工具变量法、DID 等方法的严格意义上的因果识别有所区别。

是控制变量，ρ 是个体效应，u 是时间效应，ε 为随机误差项。

本章以 1971 年 G20 国家和地区①年度数据为样本。人均碳排放、人均能源消费、人均 GDP 数据来自世界银行数据库，金融发展数据，包括对私信贷、股市市值来自 Wind 数据库。TFP 数据来自 Penn World Table 9.0。② 主要变量的描述性统计如表 3 - 1 所示。

表 3 - 1　　　　　　　　　　　　　描述性统计

	指标解释	指标计算	均值	中位数	最大值	最小值	标准差	样本量
EM	绿色发展	对数人均碳排放量	1.87	2.06	3.09	- 0.32	0.81	795
TFP	高质量增长	全要素生产率	7.86	8.01	9.04	5.85	0.77	817
EG	经济增长	对数人均 GDP	9.04	9.16	11.12	5.70	1.25	817
FA	金融规模	（股市市值 + 对私信贷）/GDP	134.48	117.65	696.76	11.80	91.83	801
FS	金融结构	股市市值/对私信贷	83.43	68.33	896.42	0.04	70.88	627
EC	能源消费	对数人均能源消费	0.91	0.93	1.96	0.25	0.21	817

三、经验研究

（一）单位根检验

我们运用面板 ARDL（Auto Regressive Distributed Lag，ARDL）方法③，把

---

①　G20 成员包括中国、阿根廷、澳大利亚、巴西、加拿大、法国、德国、印度、印度尼西亚、意大利、日本、韩国、墨西哥、沙特阿拉伯、南非、土耳其、英国、美国、俄罗斯以及欧盟。

②　该数据库中关于世界各国的 TFP 有四种序列，本章在基准回归时采用的是基于各国不变价格计算的福利相关 TFP ［Welfare - relevant TFP at constant national prices（2011 = 1）］；在稳健性建议时也尝试替换为其他 TFP 指标。

③　常用的协整检验方法，有 EG 检验和 Johansen 检验。但这两种方法有一个严格限制条件：被检验变量间必须是同阶单整关系。而在长期的计量经济实践中发现，变量间不同阶单整，是一个普遍现象。尤其是多元回归分析，变量越多，这个问题就越普遍。针对这一困扰实践界的问题，Pesaran（2001）提出一种新的协整检验方法，即 ARDL 边界协整检验。该检验的优点是，突破了必须同阶单整的限制。如果变量之间是 I（0）或者 I（1），虽然不同阶，仍然可以进行协整检验。

金融结构、绿色发展与高质量增长放在统一的框架中进行分析。单位根检验表明，除了金融机构变量 FS 是 I（0）以外，其他变量都是 I（1），可以使用 ARDL 方法进行估计协整方程，如表 3－2 所示。

表 3－2　　　　　　　　　　面板单位根检验

	LLC	IPS	ADF	PP
TFP	0. 12	0. 95	36. 65	29. 90
DTFP	－ 13. 48 ***	－ 14. 19 ***	269. 00 ***	363. 07 ***
EM	－ 2. 24 **	0. 36	44. 32	47. 27
DEM	－ 12. 52 ***	－ 15. 03 ***	285. 44 ***	464. 67 ***
FD	－ 1. 17	0. 72	32. 32	44. 72
DFD	－ 16. 71 ***	－ 20. 66 ***	410. 73 ***	574. 41 ***
FS	－ 4. 07 ***	－ 3. 99 ***	75. 21 ***	114. 67 ***
DFS	－ 23. 97 ***	－ 24. 70 ***	450. 29 ***	540. 55 ***

注：*、** 和 *** 表示在 10%、5% 和 1% 显著性水平上显著。

（二）面板 ARDL 估计

从 ARDL 方法估计的结果来看，长期来看，TFP 与人均碳排放存在长期的正相关关系，而金融结构的优化（即直接融资占比的提高）有利于减少人均碳排放量，而这种效应在金融规模上则无法体现；短期来看，全样本中全要素生产率提升显著地与人均碳排放量负相关，金融结构的优化与人均碳排放呈正相关，但不显著，如表 3－3 模型（1）（2）所示。这些变量之间的关系可以归纳为图 3－5。

表 3－3　　　　　ARDL 面板协整检验（被解释变量：人均碳排放量）

	（1）	（2）	（3）	（4）	（5）	（6）
样本	ALL	ALL	G7	G7	BRICS	BRICS
模型选择	(2, 1, 1)	(2, 1, 1)	(2, 1, 1)	(2, 1, 1)	(2, 1, 1)	(2, 1, 1)
长期方程						
TFP	1. 8900 ***	1. 7049 ***	2. 4205 ***	3. 3909 ***	9. 7842 ***	3. 4244 ***
FS	－ 0. 0019 ***		－ 0. 0040 *		0. 0659 ***	
FA		0. 0017 ***		0. 0008		0. 0031 *

续表

	（1）	（2）	（3）	（4）	（5）	（6）
短期方程						
$COINTE$	− 0.0335 *	− 0.0410 ***	− 0.0326 *	− 0.0455 *	− 0.1240 *	− 0.1680
$D（EM（−1））$	0.0134	0.0047	− 0.0447	− 0.1418	0.0629	0.1501
$D（TFP）$	0.6485 ***	0.6218 ***	0.6968 ***	0.9387 ***	1.3586	1.7161 *
$D（FS）$	− 0.0001		− 0.0001		− 0.0376	
$D（FA）$		− 0.0001 ***		− 0.0001		− 0.0006 *
C				− 0.0830 *	− 0.2401	1.1621
Log $likelihood$	1109.7870	1362.5570	513.1837	583.3183	83.4965	142.6887
AIC	− 3.3774	− 3.2937	− 3.7749	− 3.7939	− 0.8129	− 1.2114
N	587	744	246	274	133	181

注：*、** 和 *** 分别表示在 10%、5% 和 1% 显著性水平上显著。

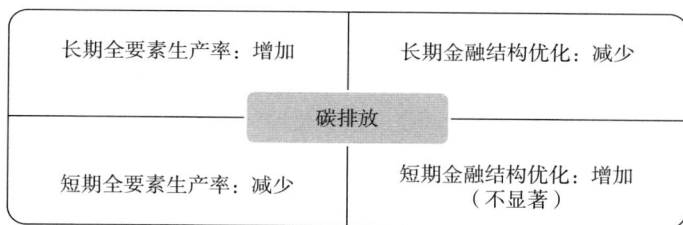

图 3－5 G20 国家金融结构、TFP 与人均碳排放之间的关系

如果进一步区分作为发达经济体的子样本 G7[①] 和新兴经济体的子样本 BRICS[②]，则呈现出显著的异质性。表 3－3 模型（3）显示，对于 G7 而言，长期来看，金融结构优化对于减少人均碳排放起到的作用可能更大，表现为系数值增大，而对于新兴经济体而言，这种效应并不存在，即优化金融结构并不能对减少碳排放起到积极作用，如模型（5）。而比较模型（4）和（6），我们发现，G7 成员金融结构对人均碳排放量的影响不显著，而 BRICS 金融结构优化会增加人均碳排放量。

---

① G7 成员国包括美国、英国、德国、法国、日本、意大利和加拿大。
② BRICS 即金砖五国（巴西、俄罗斯、印度、南非及中国）。

（三）面板 Granger 因果关系检验

考虑到上文面板 ARDL 估计中比较明显的异质性，我们接下来进一步分组进行面板 Granger 因果关系检验（如表 3 - 4 所示）。

表 3 - 4 面板 Granger 因果关系检验（G7）

检验关系	原假设	滞后项	观测项	F - Statistic
金融结构与高质量增长	$FS \not> TFP$	2	255	11.48 ***
	$TFP \not> FS$	2		1.41
碳排放与高质量增长	$CE \not> TFP$	2	274	1.51
	$TFP \not> CE$	2		2.39 *
碳排放与金融结构	$CM \not> FS$	2	239	3.53 **
	$FS \not> CM$	2		3.49 **

注：滞后项选择依据 Akaike 信息准则；* 、** 和 *** 分别表示在 10%、5% 和 1% 显著性水平上显著。

从发达国家（G7）的经验看，不仅存在金融结构优化对绿色发展的间接机制，形成了金融结构优化到高质量增长到减少碳排放的循环，而且还存在由金融结构优化直接影响绿色发展的直接机制。因此，金融结构优化，绿色发展和高质量增长之间形成了可以保持相互促进、相互协调的良性机制。它们之间的关系可以如图 3 - 6 所示。

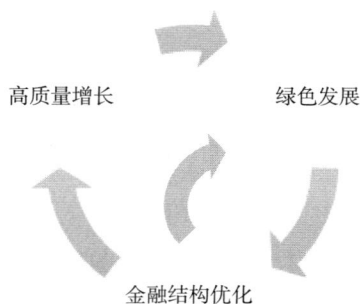

高质量增长　　　　绿色发展

金融结构优化

图 3 - 6　金融结构、高质量增长与绿色发展的关系（G7）

表 3 – 5　　　　　　　面板 Granger 因果关系检验（BRICS）

检验关系	原假设	滞后项	观测项	F – Statistic
金融结构与高质量增长	$FS \not\Rightarrow TFP$	2	127	0.82
	$TFP \not\Rightarrow FS$	2		6.55 ***
碳排放与高质量增长	$CE \not\Rightarrow TFP$	2	189	0.48
	$TFP \not\Rightarrow CE$	2		2.18
碳排放与金融结构	$CM \not\Rightarrow FS$	2	127	5.88 ***
	$FS \not\Rightarrow CM$	2		0.18

注：滞后项选择依据 Akaike 信息准则；＊、＊＊和＊＊＊分别表示在 10%、5% 和 1% 显著性水平上显著。

　　而对于以 BRICS 为代表的新兴经济体而言，却是一幅完全不同的图景。首先，在金融结构优化、高质量增长与减少碳排放之间，并没有形成一条相互影响的完整链条。其次，金融在推动高质量增长和减少碳排放方面的角色完全是被动的，如表 3 – 5 和图 3 – 7 所示。好在全要素生产率的提升和绿色发展对金融结构优化产生的一些积极的影响。可能的解释是，对于新兴经济体，能源和环境要素的约束对经济产生了影响，即在某个角度印证了金融发展理论中的需求带动说（Patrick，1966），因此下一步，需要发挥金融更加积极主动的作用。

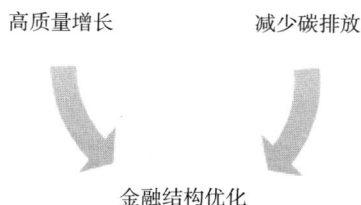

高质量增长　　　　减少碳排放

金融结构优化

图 3 – 7　金融结构、高质量增长与绿色发展的关系（BRICS）

　　高质量增长与绿色发展是新时代我国经济发展的主题。本节构建了分析金融结构、高质量增长与绿色发展的关系的一般理论框架，并应用 G20 经济体 1971—2014 年的数据，进行了经验研究。我们的主要研究发现是：

　　（1）金融结构与绿色发展、高质量增长之间存在长期协整关系。面板 ARDL 方法和面板 Granger 因果关系检验表明，G7 国家的金融结构优化、绿色发展和高质量增长之间可以保持相互促进，形成了相互协调的良性机制，而在以 BRICS 为代表的新兴经济体内，尚未建立起这种良性机制，金融结构优化的影响比较被动。

（2）金融结构优化可以发挥提升 TFP 和减排作用。影响机制的异质性检验表明，发达国家金融结构的优化能够提升 TFP，并有显著的减排作用；而新兴经济体这两种效应并不存在。

研究表明，简单地提高直接融资比重，并不必然能够推动绿色发展和高质量增长，因此，更需要注重其内在的运行机制。对此，本书提出如下建议。

第一，要重视机制构建。经验研究表明，在以 G7 为代表的发达经济体内部，由于已经形成了金融结构优化—高质量增长—绿色发展之间的良性循环机制，因此，通过提高直接融资比重，确实可以进一步促进高质量增长和绿色发展。因此，优化金融结构理论上是可以发挥积极作用的。但是，如果在这条内部反馈机制没有建立之前，贸然提升直接融资比重，恐怕效果不会理想。对于我国当前阶段而言，通过深入改革，进一步健全法律政策体系，规范资本市场，树立投资者信心，激发市场活力，可能比单纯扩大规模更加重要。

第二，要重视绿色金融的发展。发达国家的经验表明，在金融结构与绿色发展之间存在着相互影响的机制。从理论上说，这种金融发展与绿色发展的结合点就在于发展绿色金融，尤其是侧重股权融资的绿色金融。当前，我国绿色金融事业发展迅猛，取得了阶段性的显著成果，但也存在绿色金融品种比较单一，主要依赖于绿色信贷和绿色债券的问题。因此，从优化金融结构的角度发展绿色金融，积极探索绿色股权投资，支持绿色中小板创业板、绿色新三板、绿色私募股权和绿色创投资本的探索和发展，可能是一条有效的路径。

第三，加强高质量增长和绿色发展的保障机制建设。有学者的研究表明，金融支持绿色发展的政策重点可能在于加强资金使用监督（黄建欢等，2014），因此从政府部门、金融机构和企业自律等多方面共同参与，构建法律—政策—风控—行规多维一体的内在自洽的良好的绿色金融生态尤为重要。

第三节 金融结构影响绿色发展的机制检验

一、引言

高质量增长是新时代的内在要求和本质特征之一。一方面，全要素生产率（TFP）是衡量高质量增长的重要指标（李平等，2017），另一方面，减少碳排放，实现绿色发展、环境友好型发展是高质量增长的重要表现。推动高质量增长需要重视提升 TFP 和减少碳排放。

当前，我国经济正处于转型升级的关键时期，对于绿色发展日益重视。2015 年 3 月 24 日，中共中央政治局审议通过《关于加快推进生态文明建设的意见》。在 G20 杭州峰会上"绿色可持续发展"的理念再次得到重视和深化，会后发布的《G20 绿色金融综合报告》从金融支持的角度全面阐述了全球经济向绿色低碳方向转型的必要性和可行性。2016 年 8 月 31 日，中国人民银行、财政部、国家发展改革委、环境保护部、银监会、证监会、保监会印发《关于构建绿色金融体系的指导意见》。一系列政策的出台表明，从金融发展的角度推动绿色发展和高质量增长是一个重要的战略思路并日益受到重视。

从提升资源配置效率的角度看，金融因素对高质量增长也可起到积极作用。大量的研究表明，金融发展，包括金融规模的增加和金融结构的优化，对经济增长均有显著的影响（Goldsmith，1969；Rajan and Zingales，1998；Levine et al.，2000），一些实证研究也支持金融发展对提升 TFP 有所助益（宋德斌，2015）。那么，促进金融发展、提高 TFP 和减少碳排放三者之间有何内在联系？能否通过金融发展提升 TFP 进而减少碳排放？其背后的机制又有哪些？这是本章要研究的核心内容。

从同一时段的横向对比来看，发达经济体 TFP 提升会减少碳排放，而新兴经济体则相反，TFP 提升反而会增加人均碳排放。这是因为，从整条曲线来看，发达经济体可能处于这条"倒 U 形"曲线拐点的右端，而新兴经济体仍然处于这条曲线拐点的左端，如图 3 - 8 所示。

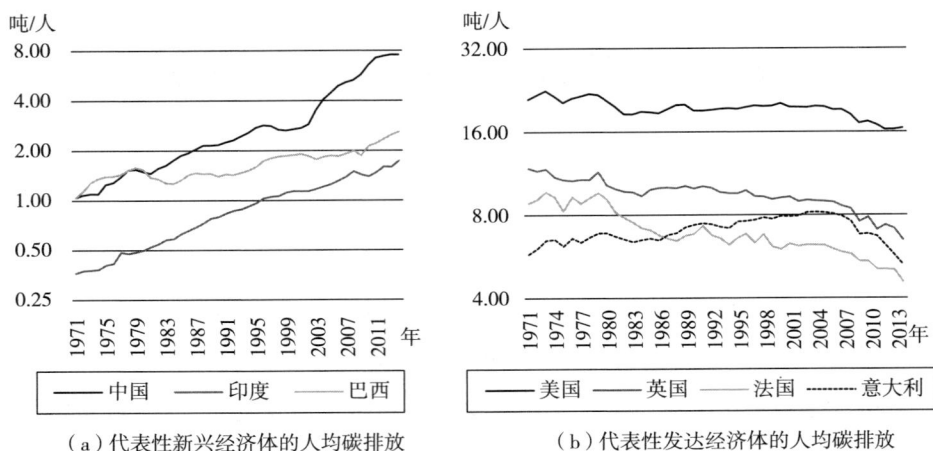

（a）代表性新兴经济体的人均碳排放　　　　（b）代表性发达经济体的人均碳排放

图 3 - 8　人均碳排放

［数据来源：世界银行数据库（World Development Indicators）］

事实上，处于不同发展阶段经济体的人均碳排放量的经验结果确实呈现出这种"倒 U 形"形态，如图 3 - 8 所示。具体来看，有如下几个显著的特征：一是从数量水平上看，发达国家的人均碳排放量要高于新兴经济体；二是从变化趋势看，新兴经济体与发展经济体也存在显著分化。以中国、印度、巴西为代表的新兴经济体人均碳排放量呈现较快上升趋势，而以美国、英国、法国、意大利为代表的发达经济体则总体呈现下降趋势。尤其是在发达经济体中发展水平相对靠后的意大利，大致以 2000 年前后为界，呈现出先上升、后下降的趋势。

二、研究设计

从文献综述中可以看到，对于金融发展如何影响碳排放，有两条基本的解释思路：一是金融发展通过经济增长带动能源消费，从而增加了碳排放；二是金融发展提升了 TFP，但 TFP 的提高对于碳排放的影响不确定，可能为正，也可能为负。把二者结合起来，这里就暗含了一个重要推论：TFP 与碳排放之间可能存在一种类似于环境库兹涅兹曲线的"倒 U 形"曲线关系。对于一个经济体而言，TFP 的提升在一定阶段以内会增加人均碳排放量，而到了一定阶段之后，则会出现相反的趋势，减少人均碳排放量。

一般地，EKC 假说是检验如下方程是否成立：

$$Pollution_{i,t} = \alpha_0 + \alpha_1 Y_{i,t} + \alpha_2 Y_{i,t}^2 + \lambda_i X_{i,t} + \varepsilon_{i,t} \qquad (3-5)$$

其中 $Pollution$ 为污染物排放，Y 为收入水平，一般用以衡量经济发展水平，$\lambda_i X_{i,t}$ 为影响污染的其他因素。当 $\alpha_1 > 0$，$\alpha_2 < 0$ 时，EKC 成立。

本章提出 TFP 与碳排放之间存在"倒 U 形"关系的假说，核心是要检验如下方程：

$$CO2Emission_{i,t} = \beta_0 + \beta_1 TFP_{i,t} + \beta_2 TFP_{i,t}^2 + \lambda_i X_{i,t} + \varepsilon_{i,t} \qquad (3-6)$$

其中 $CO2Emission$ 为碳排放水平，TFP 为全要素生产率，$\lambda_i X_{i,t}$ 为影响污染的其他因素。当 $\beta_1 > 0$，$\beta_2 < 0$ 时，TFP 与碳排放之间存在"倒 U 形"关系成立。

与传统的 EKC 相比，本节提出的假说本质上最大的区别在于用 TFP 而不是收入水平作为影响碳排放的核心因素。这种转换主要基于三方面考虑：一是 EKC 假说只是反映了收入与环境之间的一般关系，而对其内在的作用机制解释性较弱。二是收入水平作为经济发展的衡量指标存在较严重的测度问题，比如平均收入水平在收入差距较大的地区难以刻画经济发展的真实状态（佘群芝，2007）。三是从政策建议的角度看，影响收入和经济发展水平的因素过于复杂，容易导致政策建议的针对性不足。

之所以 TFP 与碳排放之间存在"倒 U 形"关系，可以这样理解：在经济发展的早期阶段，TFP 的提升主要作用于传统的粗放型经济，表现为利用劳动、能源等要素的能力和效率上升，此时生产率的提升表现为单位产品能源消耗量的增加，从而使 TFP 与碳排放之间存在正向相关关系。在这个阶段，在式（3-6）中，$\beta_1 > 0$，$\beta_2 < 0$ 的条件无法满足。而随着经济转型，经济结构中高能耗、高污染产业的比重下降，而环境友好型的高新技术产业逐渐崛起。此时 TFP 的提升并不会增加这些高新产业的碳排放量，而随着经济结构转型的持续发展，环境友好型的高新技术产业占比逐渐提升，总体上呈现出 TFP 与人均碳排放之间的负向相关关系。此时在式（3-6）中，$\beta_1 > 0$，$\beta_2 < 0$ 的条件得到了满足。这种初步推断得到了一些分行业（Maji et al.，2017）、分不同发展程度地区（陈欣、刘明，2015；Xiong et al.，2017）以及分金融

发展不同阶段（Javid and Sharif，2016）的研究结论的支持。因此从本质上看，TFP 与碳排放之间的"倒 U 形"关系，反映的可能是经济结构转型升级的过程，如图 3－9 所示。

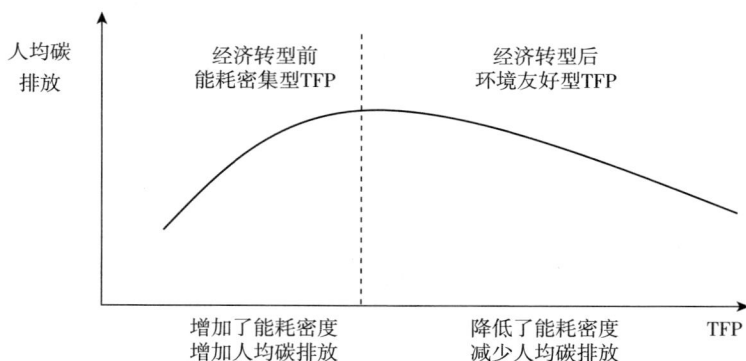

图 3－9　TFP 与人均碳排放量之间的"倒 U 形"关系

根据本节的核心研究内容，我们提出以下研究假设：

假设 1：TFP 与人均碳排放量之间存在"倒 U 形"关系。

假设 2：特定的金融发展有利于减少人均碳排放量。

假设 2a：金融规模扩张对减少人均碳排放量影响较小。

假设 2b：金融结构优化有利于减少人均碳排放量。

本节的被解释变量是人均碳排放量。关于碳排放，主要的指标有两类，一是碳排放量与 GDP 的关系，即碳排放强度；二是碳排放量与人口数量的关系，即人均碳排放量（如陈欣、刘明，2015；Javid and Sharif，2016；等）。本章选取后者，一是从理论上考虑，与宏观经济理论中多采用人均指标相匹配；二是为了在经验研究中与人均 GDP、人均能源消费等人均指标相一致。

核心解释变量有两类，一类是 TFP 指标，这反映了人均排放量的"质"的方面。根据假设 1，我们引入 TFP 的一次项和二次项，检验 TFP 与碳排放之间是否存在"倒 U 形"曲线关系。另一类是金融发展指标，又可以细分为金融发展的规模，比如私人信贷/GDP、股票市值/GDP（Levine and Zervos，1998）与金融结构，比如股票市值/私人信贷（Levine，2002），这既反映了人均排放量的"量"的方面，也反映了人均排放量的"质"的方面。

根据研究假设和文献综述，经济增长和能源消费是影响碳排放的重要因素，作为控制变量。我们也引入经济增长的二次项，考察 EKC 是否成立。

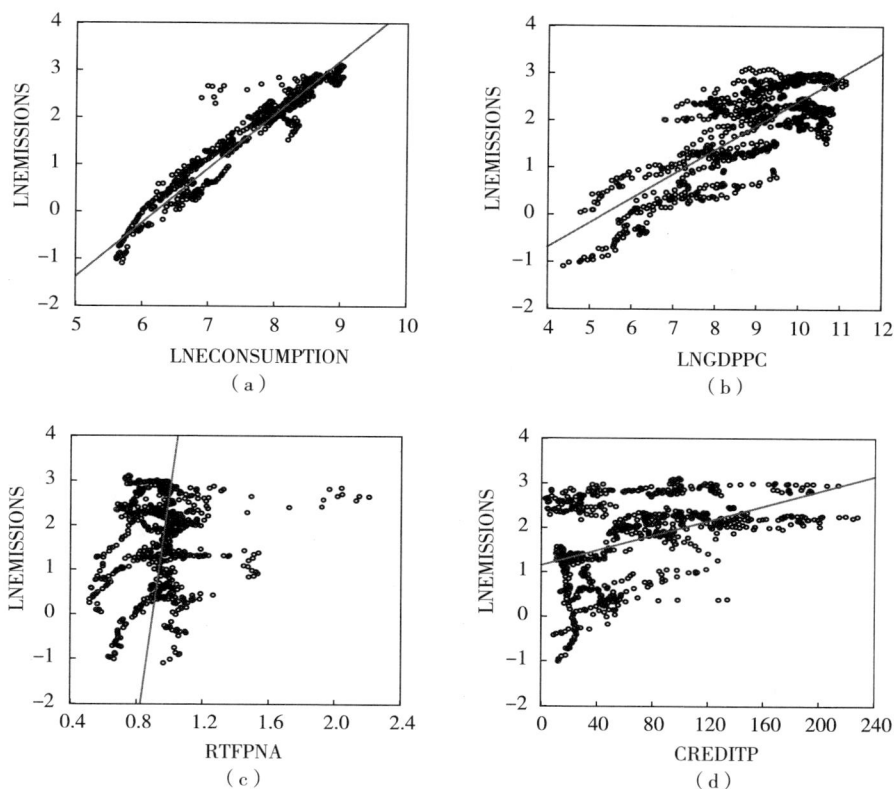

图 3 - 10   主要变量之间关系散点图

从散点图中可以看到主要解释变量和控制变量与人均碳排放量之间的关系。人均能源消费与人均碳排放量之间关系最为密切（图 3 - 10 a），经济增长次之（图 3 - 10 b），总体上呈现线性特征。而 TFP（图 3 - 10 c）与金融发展（图 3 - 10 d）与人均碳排放之间线性关系则相对较弱，这直观上佐证了它们与人均碳排放量之间可能存在的非线性关系或"倒 U 形"曲线关系。

引入 TFP 因素后，我们参照经典文献和近期研究进展（Grossman and Krueger，1995；陈欣、刘明，2015）构建如下基准计量模型：

$$\ln Emission_{i,t} = \beta_0 + \beta_1 \, TFP_{i,t} + \beta_2 \, TFP_{i,t}^2$$
$$+ \beta_3 \, FD_{i,t} + \lambda_i \, X_{i,t} + \rho_i + \mu_t + \varepsilon_{i,t} \tag{3-7}$$

在考察金融发展、TFP 影响人均碳排放量可能的机制时，引入交互项，得到

$$\ln Emission_{i,t} = \beta_0 + \beta_1 TFP_{i,t} + \beta_2 FD_{i,t}$$
$$+ \beta_3 TFP_{i,t} \cdot FD_{i,t} + \lambda_i X_{i,t} + \rho_i + \mu_t + \varepsilon_{i,t} \quad (3-8)$$

其中，$\ln Emission$ 是人均碳排放量，TFP 是全要素生产率，FD 是金融发展指标，X 是控制变量，ρ 是个体效应，u 是时间效应，ε 为随机误差项。

本节以 1971—2014 年 G20 国家为样本。之所以选择 G20 作为样本，首先是因为 G20 涵盖了当前主要经济体，其经济总量占比约为全球 GDP 的 70%；其次是 G20 国家有广泛的代表性，包括了以 G7 为代表的发达经济体和以 BRICS 为代表的新兴经济体。本节中人均碳排放量、人均能源消费、人均 GDP 数据来自世界银行数据库（World Development Indicators），全要素生产率指标（$RTFPna$、$RWTFPna$）来自 Penn World Table 9.0（Feenstra et al.，2015），分为两类，一类是横向比较（以美国历年的 TFP 水平为 1），另一类是纵向比较，又分为两组，其中，$RTFPna$ 是以 2011 年不变价格水平作为 1 的国家 TFP 水平，$RWTFPna$ 是福利相关（Welfare-relevant）的以 2011 年水平作为 1 的国家 TFP 水平，本章根据研究需要选取后者。其余指标来自 Wind 数据库。主要变量的描述性统计如表 3-6 所示。

表 3-6　　　　　　　　　　描述性统计

指标	说明	均值	中位数	最大值	最小值	标准差	样本量
$\ln Emissions$	人均碳排放量	1.87	2.06	3.09	-0.32	0.81	778
$RTFPna$	全要素生产率	0.96	0.98	1.54	0.56	0.14	778
$RWTFPna$	福利相关的全要素生产率	0.92	0.94	1.59	0.38	0.15	778
$Creditd$	境内信贷/GDP	101.42	89.94	357.32	-10.15	68.42	748
$Creditp$	私人信贷/GDP	78.53	72.12	227.75	8.33	52.44	748
$Marketv$	股票市值/GDP	55.94	41.37	626.84	0.00	52.68	611
$FStructure$	股票市值/私人信贷	83.43	68.33	896.42	0.04	70.88	611
$\ln EConsump$	人均能源消费	7.86	8.01	9.04	5.85	0.77	778
$\ln GDPpc$	人均 GDP	9.04	9.16	11.12	5.70	1.25	778

经过平稳性检验，本章中主要变量均为 I（1）；根据 Hausman 检验采用

固定效应模型进行估计。首先考察经济增长、能源消费对碳排放的影响。表 3-7 模型（1）表明，人均能源消费与人均碳排放量之间的关系在 1% 的统计水平上显著，系数为 0.21，此时调整的 R^2 值为 0.33。若只考虑经济增长对碳排放的影响，模型（2）表明，EKC 成立，即经济增长与人均碳排放量之间存在"倒 U 形"关系。此时，调整的 R^2 值显著地增加为 0.92。若把能源消费和经济增长因素同时考虑，如模型（3）所示，能源消费对碳排放的拉动作用和 EKC 仍然成立，且均在 1% 的水平上显著，此时调整的 R^2 值进一步增加到了约 0.99。

三、经验研究

（一）基准回归

接下来进一步考察 TFP 对人均碳排放量的影响。表 3-7 模型（4）表明，TFP 的增长会提高人均碳排放量水平，在 1% 水平上显著，系数为 0.47，系数要大于只考虑能源消费的情况，调整的 R^2 值约为 0.98，要远高于只考虑能源消费的情况，甚至高于考虑经济增长的情况。这表明，对于 G20 的样本而言，TFP 能够解释大部分的碳排放变动。如果把经济增长和能源消费因素一起考虑，如模型（5）所示，其结果与模型（3）十分接近，变量的符号一致和显著性水平一致，系数大小也相近，调整的 R^2 值略有增加。

对比多个模型估计效果之后，模型（6）表明[①]的确存在 TFP 与人均碳排放量之间的"倒 U 形"关系，即 TFP 对碳排放的影响可能存在先增加，后减少的情况。但相对于 EKC，从显著性水平来判断，这种关系相对较弱，TFP 及其平方项的系数分别在 5% 和 10% 的显著性水平上通过检验。这个结果初步支持了假说 1。

---

① 由于把能源消费放入估计方程后，存在较严重的共线性问题，因此在估计模型（6）时把能源消费从方程中剔除了。

表3-7 基准回归

解释变量	(1)	(2)	(3)	(4)	(5)	(6)
ln*EConsump*	0.2147 *** (0.0023)		0.4980 *** (0.0409)		0.5863 *** (0.0392)	
ln*GDPpc*		1.5943 *** (0.0795)	1.1209 *** (0.0728)		1.0229 *** (0.0678)	1.5647 *** (0.0801)
ln*GDPpc2*		-0.0821 *** (0.0047)	-0.0613 *** (0.0040)		-0.0578 *** (0.0037)	-0.0813 *** (0.0047)
RTFPna				0.4725 *** (0.1341)	0.3544 *** (0.0521)	0.6200 ** (0.2934)
RTFPna2						-0.2032 * (0.1117)
个体固定效应	是	是	是	是	是	是
时间固定效应	是	是	是	是	是	是
调整的 R^2	0.3349	0.9198	0.9865	0.9781	0.9887	0.9784
样本量	778	778	778	778	778	778

注：*** 和 ** 、* 分别表示1%、5%和10%显著性水平。括号内为标准误。

下面我们考察金融发展对碳排放的影响机制。我们把可能影响机制分为经济机制和TFP机制。对于经济机制，主要通过金融发展促进经济增长，拉动能源消费进而增加碳排放量的路径传递，金融发展与碳排放之间正相关。对于TFP机制，表3-8模型（7）表明，TFP和人均能源消费的交互项在1%的显著水平上为负数，系数为-0.21，说明TFP通过影响能源消费，减少人均碳排放量。这种情况在TFP与经济增长的交互项中也得到了相似的结果，如模型（8）所示。

金融发展对TFP的影响可能比较复杂。一方面金融发展有利于提升资源配置效率和促进技术进步，进而整体上提升了TFP；但另一方面，由于TFP又有高能耗型和环境友好型两种不同的情况，因此TFP对人均碳排放影响的总效应要看二者之间的结构比例关系。从表3-8模型（9）—（11）的经验结果来看，总效应并不那么显著，这与陈欣、刘明（2015）的研究结果相似，其可能的解释是其内部异质性影响的作用相互抵消，因此总体上的结果不显著。比较模型（9）（10），与信贷的增长相比，资本市场的发展更能够与TFP

发生积极的交互作用，从而能够减少人均碳排放量。

表 3 − 8　　　　　　　　　　　影响机制检验

解释变量	（7）	（8）	（9）	（10）	（11）
ln$GDPpc$	0.9326 ***	1.5850 ***	0.9773 ***	0.6974 ***	0.6151 ***
	（0.0729）	（0.0781）	（0.0787）	（0.0802）	（0.0486）
ln$GDPpc2$	− 0.0520 ***	− 0.0735 ***	− 0.0546 ***	− 0.0405 ***	− 0.0323 ***
	（0.0041）	（0.0054）	（0.0045）	（0.0043）	（0.0028）
ln$EConsump$	0.7679 ***		0.5945 ***	0.8510 ***	0.8326 ***
	（0.0717）		（0.0397）	（0.0437）	（0.0266）
$RTFPna$	1.8634 ***	1.3347 ***	0.3862 ***	− 0.0307	− 0.1378 ***
	（0.4775）	（0.4048）	（0.0548）	（0.0521）	（0.0383）
ln$EConsump$ * $RTFPna$	− 0.2101 ***				
	（0.0657）				
ln$GDPpc$ * $RTFPna$		− 0.1515 ***			
		（0.0489）			
$Creditp$ * $RTFPna$			− 0.0005		
			（0.0003）		
$Marketv$ * $RTFPna$				− 0.0002 **	
				（0.0001）	
$FStructure$ * $RTFPna$					0.0001
					（0.0001）
个体固定效应	是	是	是	是	是
时间固定效应	是	是	是	是	是
调整的 R^2	0.9892	0.9787	0.9878	0.9913	0.9919
样本量	778	778	748	611	611

注：***、** 和 * 分别表示 1%、5% 和 10% 显著性水平。括号内为标准误。

（二）异质性检验

由于 G20 全样本中涵盖了发达经济体和新兴经济体，根据上文的理论框架，我们认为不同经济体中 TFP 对人均碳排放量的影响存在异质性。表 3 − 9 模型（12）（13）表明，无论是发达经济体（G7）还是新兴经济体（BRICS），能源消费均能拉动碳排放，且均在 1% 的水平上显著。相比而言，新兴经济体的系数更大些，且系数值大于 1。

模型（14）（15）则表明，TFP 对于人均碳排放量的作用相反：发达经济体（G7）的系数显著为负，而新兴经济体（BRICS）的系数显著为正。如果把 TFP 的二次项放入，G7 的二次项显著为负，且系数较大，而新兴经济体 TFP 二次项虽也是负数，但系数较小且统计上不显著。这表明，样本区间内 TFP 在发达经济体上呈现出明显的"倒 U 形"形状，而对于新兴经济体，则至少在样本范围内，仍然呈现线性正相关关系。这个结果再次支持了假设 1。

表 3 - 9　　　　　　　　　　　异质性检验

解释变量	（12）	（13）	（14）	（15）	（16）	（17）
	G7	BRICS	G7	BRICS	G7	BRICS
$\ln EConsump$	0.8766 ***	1.0851 ***				
	(0.0255)	(0.0261)				
$RTFPna$			-1.4360 ***	1.1997 ***	1.7730 ***	2.9138 **
			(0.2058)	(0.4118)	(0.4734)	(1.3708)
$RTFPna2$					-1.5998 **	-0.7633
					(0.7777)	(0.7931)
个体固定效应	是	是	是	是	是	是
时间固定效应	是	是	是	是	是	是
调整的 R^2	0.8048	0.9184	0.1425	0.0464	0.3063	0.9794
样本量	288	155	288	155	288	155

注：***、** 和 * 分别表示 1%、5% 和 10% 显著性水平。括号内为标准误。

表 3 - 10　　　　　　　　　影响机制的异质性检验

解释变量	（18）	（19）	（20）	（21）	（22）	（23）
	G7	BRICS	G7	BRICS	G7	BRICS
$\ln EConsump$	0.3152 ***	1.2465 ***	0.8667 ***	1.0605 ***	0.8853 ***	1.1903 ***
	(0.0953)	(0.0327)	(0.0311)	(0.0267)	(0.0291)	(0.0413)
$RTFPna$	-0.9475 ***	0.1844 *	-0.4162 ***	1.3186 ***	-0.3975 ***	0.0165
	(0.0966)	(0.1233)	(0.0548)	(0.2107)	(0.1146)	(0.0783)
$Creditp *$ $RTFPna$	0.0007 ***	0.0010 **				
	(0.0002)	(0.0004)				
$Marketv *$ $RTFPna$			-0.0003 *	0.0032 **		
			(0.0002)	(0.0009)		

续表

解释变量	（18）	（19）	（20）	（21）	（22）	（23）
$FStructure *$ $RTFPna$					-0.0014^{***} (0.0004)	0.0001 (0.0001)
个体固定效应	是	是	是	是	是	是
时间固定效应	是	是	是	是	是	是
调整的 R^2	0.9648	0.9935	0.8109	0.9404	0.8182	0.9979
样本量	281	146	263	101	256	101

注：$***$、$**$ 和 $*$ 分别表示 1%、5% 和 10% 显著性水平。括号内为标准误。

接下来考察影响机制的异质性。比较发现，发达国家经济体和新兴经济体之间同样存在较大差别。模型（18）（20）表明，对发达经济体而言，信贷的增加与 TFP 交互作用系数为正，表明信贷增长并无法改善碳排放，而股市市值的增加与 TFP 交互作用后，对人均碳排放起到抑制作用。对于新兴经济体而言，模型（19）（21）表明，无论是信贷规模还是股市市值，其增长与 TFP 的交互项系数均为正，表明对人均碳排放量并未起到抑制作用。这初步验证了假设 2a。

如果进一步考察信贷与股票市值的比例关系，即直接融资与间接融资之间的金融结构，模型（22）（23）结果表明，直接融资占比提高对发达经济体而言能够减少碳排放，这支持了假设 2b。而对于新兴经济体而言，则作用相反。因此我们认为，要通过优化金融结构来减少碳排放可能还需要满足一定的条件。

表 3 – 11　　　　　　　　按时间分组的影响机制异质性检验

解释变量	（24）	（25）	（26）	（27）
	G7		BRICS	
	1971—1997 年	1998—2014 年	1971—1997 年	1998—2014 年
$\ln EConsump$	0.4600^{***} (0.0728)	1.0248^{***} (0.0544)	0.8465^{***} (0.2067)	1.2725^{***} (0.0477)
$RTFPna$	-0.9350^{***} (0.1279)	-0.5063^{*} (0.4541)	0.5291^{*} (0.2970)	-0.0287^{***} (0.0927)

续表

解释变量	(24)	(25)	(26)	(27)
	G7		BRICS	
	1971—1997 年	1998—2014 年	1971—1997 年	1998—2014 年
FStructure * *RTFPna*	− 0.0007 **	− 0.0027 ***	− 0.0001	− 0.0001
	(0.0004)	(0.0007)	(0.0001)	(0.0001)
个体固定效应	是	是	是	是
时间固定效应	是	是	是	是
调整的 R^2	0.9758	0.7731	0.9997	0.9982
样本量	144	112	32	68

注：***、** 和 * 分别表示 1%、5% 和 10% 显著性水平。括号内为标准误。

为了检验这个特征在纵向时间维度上是否成立，我们进一步以 1997 年为界①，把 G7 和 BRICS 两组样本再分为两个小组。表 3 – 11 模型 (24) (25) 表明，在 1997 年前后，发达经济体 TFP 提升对减少碳排放的作用在减小，系数值由 − 0.94 变为 − 0.51，且显著性水平有所下降。但 TFP 与金融结构的协同作用对于减少碳排放有了更大的促进作用。这再次支持了假设 2b 而对于新兴经济体而言，模型 (26) (27) 表明，这种互动作用在两个时间样本区间尽管系数为负值，但数值很小且都不显著，说明金融结构与 TFP 之间要发挥正向协同作用也不是必然的，在新兴经济体子样本中并未体现。

值得关注的是，模型 (26) (27) 表明，对于新兴经济体而言其 TFP 的系数在 1997 之前为正值，说明在这个时间段内，TFP 的提高还会增加人均碳排放量，而在 1997 年以后，系数变为负值，尽管系数较小，但在 1% 水平上显著。这表明与过去相比，近 20 年来 TFP 的提升对于改善碳排放起到了一定的作用。这是一个积极的结果，说明对于新兴经济体而言，技术进步对于减排的作用也在逐步得到显现。

（三）稳健性检验

上述研究结果表明，金融发展通过经济增长和 TFP 两条路径作用于人均

---

① 之所以选择 1997 年为界，因为 1997 年爆发了亚洲金融危机，但其影响尤其是对新兴经济体的影响波及了全球。

碳排放。我们采取如下方法进行稳健性检验。

（1）替换指标。在金融发展指标上，我们用国内信贷替换了国内私人信贷，用福利相关（Welfare - relevant）的全要素生产率（$RWTFPna$）替换原来的全要素生产率（$RTFPna$）进行计量分析，结果从系数方向、显著性角度看是稳健的，如表 3 - 12 所示。

表 3 - 12　　　　　　　　　　　　稳健性检验 1

解释变量	（1）	（2）	（3）	（4）	（5）	（6）
	All	All	All	All	G7	BRICS
ln$EConsump$		0.6101 ***		0.8209 ***	0.3113 ***	1.2108 ***
		(0.0230)		(0.0267)	(0.0988)	(0.0438)
ln$GDPpc$		0.9545 ***	1.6948 ***	0.6375 ***		
		(0.0384)	(0.0478)	(0.0486)		
ln$GDPpc2$		− 0.0546 ***	− 0.0844 ***	− 0.0332 ***		
		(0.0021)	(0.0027)	(0.0028)		
$RWTFPna$	0.4305 ***	0.3418 ***	0.4005 **	− 0.1321 ***	− 0.5748 ***	0.0390
	(0.0604)	(0.0290)	(0.1665)	(0.0388)	(0.0922)	(0.0624)
$RWTFPna2$			− 0.1571 **			
			(0.0725)			
$RWTFPna *$ $FStructure$				0.0000	− 0.0009 ***	0.0000
				(0.0001)	(0.0003)	(0.0001)
个体固定效应	是	是	是	是	是	是
时间固定效应	是	是	是	是	是	是
调整的 R^2	0.9391	0.9884	0.9791	0.9918	0.9667	0.9979
样本量	795	795	795	611	256	101

注：*** 、** 和 * 分别表示 1%、5% 和 10% 显著性水平。括号内为标准误。

（2）更换时间截断点。由于 1997 年这个年份的选择带有一定的主观性，我们把分组时间替换为 2001 年进行检验[1]，结果也是稳健的，如表 3 - 13 所示。

---

① BRICS 的概念在 2001 年提出，同年中国加入 WTO。

表 3 – 13　　　　　　　　　　稳健性检验 2

解释变量	(7)	(8)	(9)	(10)
	G7		BRICS	
	1971—2001 年	2002—2014 年	1971—2001 年	2002—2014 年
ln *EConsump*	0.4560 ***	1.2371 ***	1.2314 ***	1.2813 ***
	(0.0637)	(0.0384)	(0.2565)	(0.0728)
RTFPna	− 0.8302***	− 0.5761 ***	− 0.0185	− 0.1823
	(0.1132)	(0.0897)	(0.3712)	(0.1422)
RTFPna * *FStructure*	− 0.0003 *	− 0.0003 *	0.0000	− 0.0001
	(0.0002)	(0.0002)	(0.0002)	(0.0002)
个体固定效应	是	是	是	是
时间固定效应	是	是	是	是
调整的 R^2	0.9740	0.9959	0.9981	0.9983
样本量	171	92	48	52

注：***、** 和 * 分别表示 1%、5% 和 10% 显著性水平。括号内为标准误。更换时间截断点以 2001 年为界进行分组。

本节梳理了金融发展、TFP 与人均碳排放量之间的内在逻辑关系，构建了金融发展、TFP 与碳排放量之间关系的一般分析框架，提出了 TFP 与人均碳排放量之间存在的"倒 U 形"关系的假说。在经验研究方面，基于 1971—2014 年 G20 面板数据的结果表明，TFP 与人均碳排放量之间存在"倒 U 形"的曲线关系。

进一步考察其影响机制，金融发展与 TFP 对人均碳排放可能产生正向或者负向的交互关系。发达经济体与新兴经济体的信贷增长并不能与 TFP 产生正面的协同作用，无助于减少人均碳排放量。对于发达经济体而言，资本市场的发展能够与 TFP 产生协同作用，减少人均碳排放量，而这种机制在新兴经济体中并不存在。

从政策建议的角度看，本章的理论研究和经验研究表明：

第一，正视从高速增长到高质量增长需要一个转换过程。随着经济转型升级的深入，在 TFP 逐步提升、迈向高质量增长的过程中，可能存在一个人均碳排放量继续提高的"灰色"时期。此时 GDP 能源强度和碳排放强度下降，能源消费增长放缓，但仍可能出现人均碳排放量缓慢增长的局面（何建坤，2017）。总体来看，发达经济体已经迈过了这个阶段，TFP 的提升有助于减少人均碳排放量，而样本区间的新兴经济体似乎仍然没有完全迈过这个门槛，金融结构与 TFP 积极的协同作用受到一定程度的抑制。

第二，坚定不移地发展技术。发达经济体的经验表明，TFP 的减排作用会逐渐显现。因此，要坚定地走提升 TFP、推动高质量增长的道路，转型升级不能停歇。在这个过程中，要更加重视技术进步的关键作用，提升环境友好型 TFP 水平，尽早跨过这道门槛。

第三，要更加注重优化金融结构。经验研究表明，金融规模的扩张无助于减少碳排放，而优化金融结构虽然并不必然带来人均碳排放量的减少，但这却是金融发展与 TFP 协同作用、减少人均碳排放量的一个基础条件。推动技术进步、促进科技与金融的良性互动，是推动绿色发展和高质量增长的有效途径。

本章小结

本章从生产者角度研究绿色金融发展及其对经济增长和绿色发展的影响。绿色金融发展，包括规模增加和结构优化，既可直接作用于经济增长和绿色发展（人均碳排放量），也可通过技术进步间接地影响。

经验研究表明，金融结构与绿色发展、高质量增长之间存在长期协整关系。本章提出的 TFP 与人均碳排放量之间存在的"倒 U 形"关系的假说，基于 1971—2014 年 G20 面板数据得到了初步验证。进一步考察其影响机制，金融发展与 TFP 对人均碳排放量可能产生正向或者负向的交互关系。发达经济体与新兴经济体的信贷增长并不能与 TFP 产生正面的协同作用，无助于减少人均碳排放量。对于发达经济体而言，资本市场的发展能够与 TFP 产生协同作用，减少人均碳排放量，而这种机制在新兴经济体中并不存在。

从政策建议角度看：一是要重视绿色金融发展，并且长期坚持；二是要坚定不移地发展技术，借鉴发达经济体的经验，提升环境友好型 TFP 水平；三是更加注重优化金融结构。经验研究表明，金融规模的扩张无助于减少碳排放，而优化金融结构是金融发展与 TFP 协同作用、减少人均碳排放的一个基础条件。推动技术进步、促进科技与金融的良性互动，是推动绿色发展和高质量增长的有效途径。

第四章 消费者视角的绿色金融发展

第一节 基于消费的绿色金融调研

一、调研背景和实施方案

绿色普惠金融是新时代支持我国经济可持续发展的重要力量。但当前绿色普惠金融发展也面临着正向激励不足、参与度不高、成本收益不对称等方面的挑战。对此，从国家和战略层面我国已经出台了很多举措，有力地推动绿色普惠金融发展。那么，绿色普惠金融能否从身边做起，是否可以从微观的视角切入加以改进？

我国在绿色金融和普惠金融领域都已经取得了很大的发展。2019 年 2 月，根据气候债券倡议组织（CBI）初步统计，2018 年中国成为全球第二大绿色债券市场，达 309 亿美元。中国是世界上同时提出绿色金融、普惠金融政策体系的少数经济体之一，绿色金融、普惠金融的发展规模世界瞩目。如何让绿色理念与日常生活相关联，如何提高绿色金融的参与感，让绿色金融可持续发展，这是一个不小的挑战。

值得关注的是，由蚂蚁金服推出的"蚂蚁森林"在较短的时间内获得了巨大的关注度和参与率，取得了显著的成效。"蚂蚁森林"是一个集"绿色 + 数字 + 普惠"等多元概念综合发挥效用的典型代表。截至 2019 年 8 月底，"蚂蚁森林"5 亿用户累计种植和养护真树 1.22 亿棵，种植总面积超过 168 万亩。科技力量的参与，开掘了个体的行动力，让公益效果实现爆发式增长，也让参与公益的人有了更直观的获得感。研究以"蚂蚁森林"为代表的绿色普惠金融发展，具有重大的理论和实际意义。

一是发展绿色普惠金融是践行五大发展理念的必然要求。"创新、协调、绿色、开放、共享"的新发展理念是统领当前和今后一段时期我国经济社会发展的基本战略。金融业改革发展要自觉以新发展理念为指导，提升金融服务实体经济和供给侧结构性改革的效率，绿色普惠金融强调绿色理念，引导金融资源支持资源集约型、环境友好型项目建设，推动实现生产、生活、生态和谐的可持续发展；突出共享概念，引导金融资源服务小微企业和低收入人群，推动实现公共富裕和全面小康；同时秉持开放态度，鼓励金融部门吸收国内外先进经验，利用大数据、云计算等先进技术，推动金融进一步服务实体经济、促进经济转型。

二是与互联网相结合的绿色公益活动已有了一定的基础。如今在大学中各类公益社团日益壮大，大学生对公益事业的热情也是日渐高涨，这对社会未来的和谐发展无疑是起着重要的作用。然而，可能由于学业冲突等原因，许多大学生无缘参与线下实体的公益实践。"互联网＋"公益的出现让大学生不再局限于线下的公益项目，也可以通过互联网参与公益。

三是"蚂蚁森林"的成功实践开拓了发展绿色普惠金融的新思路。在多种多样的互联网公益实践项目中，"蚂蚁森林"是一个现象级的成功案例。它使用游戏化策略，将低碳宣传与游戏结合，改变了以往宣传引导的传播方式，让公众在娱乐中对低碳减排有了更清晰的了解。在全体公民中，高校学生是我国公益活动的积极参与者，在我国公益活动中发挥着突出的作用，高校公益也是我国公益事业不可分割的重要组成部分。几乎所有的大学生都曾主动或被动地参与网络公益，不同程度地关注所参与公益的后续发展。但大学生们热衷于这种互联网下的公益活动的动机以及其中机制，还少有人研究。据此，本研究将采用问卷调查的方法探究互联网下的公益项目——"蚂蚁森林"吸引众多大学生持续使用行为意向的机制。

本次调研以使用"蚂蚁森林"的情况为具体的载体，具体考察以"蚂蚁森林"为代表的绿色普惠金融的参与度、满意度和影响力。当前以"蚂蚁森林"为代表的绿色普惠金融发展的现状与前景，绿色普惠金融的参与度、满意度和外溢效应，绿色普惠金融对于生活习惯和日常行为、对绿色金融整体发展及对于居民社会责任感的影响，都是本次调研考察的问题。

调研过程采取实地调研与网上问卷调研相结合的方式。实地调研分两轮进行，时间为 2018 年 8 月和 2019 年 7—9 月。网上问卷调研的开展时间为 2018 年 8 月—2019 年 10 月。网上问卷调研使用的是问卷星平台制作和发放问卷。本次调研共回收问卷 523 份，经统计分析，去除部分有疑问的问卷（比如答题时间过短、前后有显著矛盾等），共确认有效问卷 468 份，问卷有效率为 89.5%。调研主要从以下几个方面进行考察。

1. 基本特征：包括性别、年龄、职业等。

2. 满意度，具体包括

（1）总体满意度。

（2）分项满意度。

3. 参与度，具体包括

（1）总体参与度：包括树的数量、新种一棵树的平均时间。

（2）参与的具体方式：获取绿色能量的方式。

4. 绿色金融素养，具体包括

（1）总体绿色金融素养。

（2）对具体绿色金融产品的素养。

5. 其他方面，具体包括

（1）给生活带来的变化，具体包括：为了收取别人的能量早起、增加了运动时间和低碳出行、增加了社交范围和话题、提高了自我的环保意识、生活娱乐多了一项。有的话取值为 1，无的话取值为 0。

（2）关于"蚂蚁森林"与绿色普惠金融的理念，持赞成具体包括：通过互联网能够打造绿色金融，并能积极推动全民参与；将电子支付与环保理念相结合，在发展自身的同时为社会做出了贡献；"蚂蚁森林"中的能量互动能够促进社交，增加和好友的交流；"蚂蚁森林"能够通过行走、在线交纳水电煤气费用和网络购票等方式来获取能量，促进人们绿色消费，低碳出行；积攒虚拟能量种真实树木的方式能促进环境的保护和公益的建设。赞同的话取值为 1，不赞同的话取值为 0。

二、基本分析

首先进行信度和效度分析。在可靠性检验中，Alpha 值为 0.823，通过可靠性检验，如表 4 - 1 所示。

表 4 - 1　　　　　　　　　　可靠性统计

克隆巴赫 Alpha	项数
0.823	52

（一）个体特征

有效样本中男性受访者 146 人，占比 31.2%；女性受访者 322 人，占比 68.8%。从年龄来看，15 ~ 19 周岁以及 20 ~ 29 周岁的受访者占比较高。从受访者的学历来看，大专高职和大学本科所占的比例最高，均超过 40%；其次为高中学历，约占 7%；其余比例较小，不足 3%，如表 4 - 2 所示。

表 4 - 2　　　　　　被调查者的性别与年龄分布

	15 岁以下	15 ~ 19 岁	20 ~ 29 岁	30 ~ 39 岁	40 岁以上
男	1.36	43.84	47.26	6.85	0.68
女	0.93	37.89	58.07	1.86	1.24

（二）满意度

1. 总体满意度

从对绿色金融的总体满意度来看，选择"满意"的占比最多（53.9%），其次是"一般"（26.3%）和"很满意"（19.0%），选择"很不满意"和"不满意"的较少，两项合计不到 1%，如图 4 - 1 所示。

2. 分项满意度

从分项情况来看，绿色能量种类、收集能量时间和绿色能量大小满意度之间大体上分布比较接近，选择"满意"或"非常满意"的比例较高，两项合计均接近或超过 50%。相比而言，对收集能量所花时间的整体满意度（中环）较低，选择"不满意"和"一般"的比例较高，如图 4 - 2 所示。

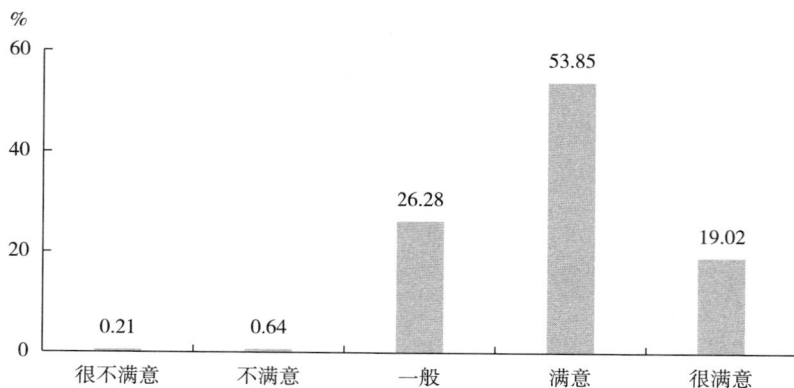

图 4-1 绿色金融总体满意度

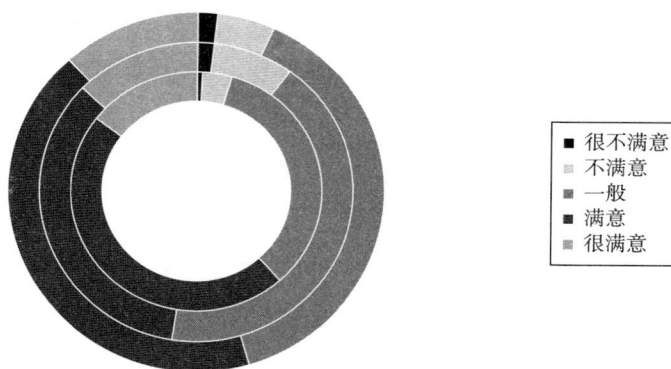

注：三环从内到外，分别是能量种类满意度、收集时间满意度和能量大小满意度。

图 4-2 绿色金融分项满意度

（三）参与度

我们对绿色普惠金融的一般认识主要基于"蚂蚁森林"的典型案例，具体而言，调研主要包括三个方面：（1）对"蚂蚁森林"的知晓度；（2）"蚂蚁森林"的日常：产生和收取"绿色能量"活动；（3）"蚂蚁森林"的核心愿景与目标："种树"。

1. 总体参与度

蚂蚁森林是支付宝客户端为首期"碳账户"设计的一款公益行动：用户通过步行、地铁出行、在线交纳水电煤气费、网上缴交通罚单、网络挂号、网络购票等行为，就会减少相应的碳排放量，可以用来在支付宝里养一棵虚拟的树。这棵树长大后，公益组织、环保企业等蚂蚁生态伙伴们，可以"买走"用户的"树"，而在现实某个地域种下一棵实体的树。

本部分主要是调查人们对于以"蚂蚁森林"为典型代表的绿色金融的了解程度。在回答"您是否知道支付宝推出的'蚂蚁森林'时，超过86%的人选择"知道并正在使用"，约12%的选择"知道"但没有用过，仅有不到2%的人选择不知道。这说明"蚂蚁森林"的知晓度还是很高的。有意思的是，在知道"蚂蚁森林"的人群中，有约85%的人正在使用，这么高的比例说明从了解认知到实际参与的转化比率还是很高的，如图4-3所示。

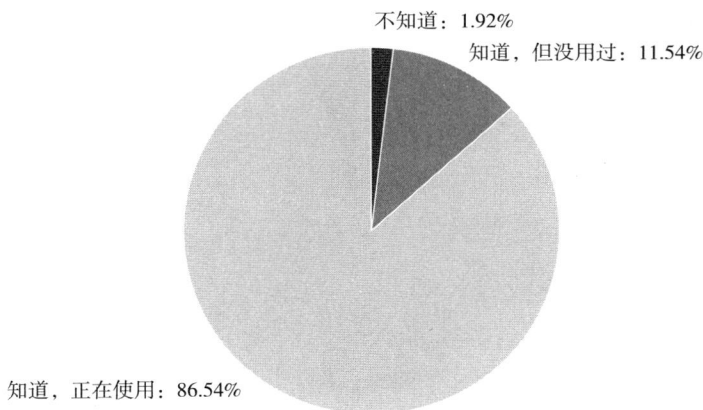

不知道：1.92%
知道，但没用过：11.54%
知道，正在使用：86.54%

图4-3 对"蚂蚁森林"的知晓度

在回答"您有树吗"时，选择的最高比例落在了"一棵"（占比38.25%），其次是没有（占比22.65%），选择"两棵"或"两棵以上"的人数较少，分别只占15.6%和21.15%，如图4-4所示。

关于"种一棵树所需的时间"，除了选择"不清楚"的，最大的比例选择6个月以上，其次是"1~3个月"，占比约为21%。选择"3~6个月"的人数均约占16%，只有5%左右的人选择了"1个月以内"，如图4-5所示。

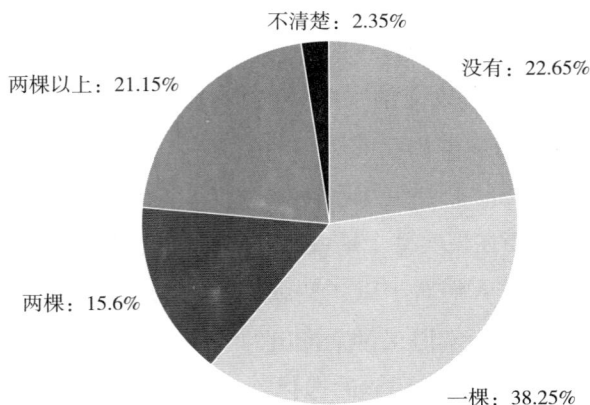

图 4 - 4　当前"种树"的数量

这反映了受调查者中要实现"多种树、快种树"的目标，还是有一定的难度。

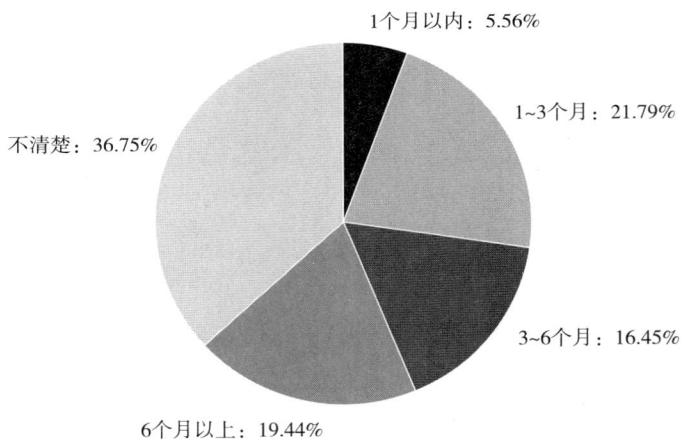

图 4 - 5　新增"一棵树"所需要的时间

2. 参与的具体方式

在回答"您一般通过下列哪些方式来积聚能量"时，绿色和数字相结合在普惠金融领域的优势就得到了比较显著的体现。排名前三的选项分别是线上支付（88.89%）、行走（86.97%）和网络购票（70.09%）。值得注意的是，尽管目前电子发票和预约挂号的选择比例仍然较低，在10%左右，但是这反映了绿色理念在其他生活领域的扩展，潜力较大，如图4 - 6所示。

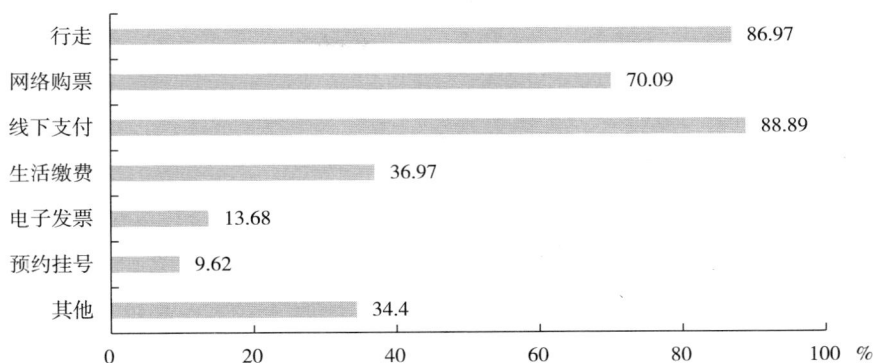

图 4 - 6　获取绿色能量的主要方式

在选择"如果您参与某银行推出的节能低碳计划就会获得贷款优惠，您愿意参与吗"的认可程度时，选择"很同意"或"同意"的占比分别为12.3%和47.0%，二者合计占比接近60%，说明参与意愿还是比较高的，如图 4 - 7 所示。

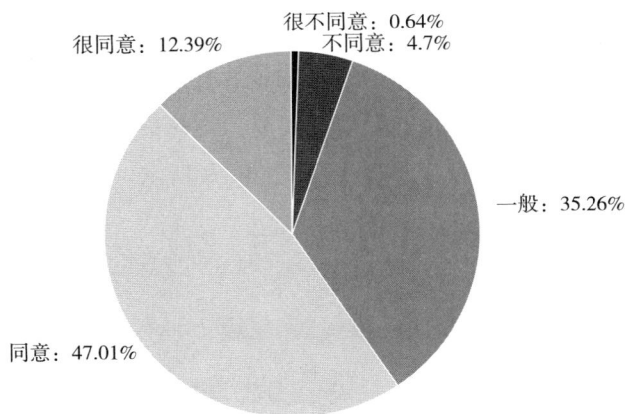

图 4 - 7　绿色金融产品参与意愿

（四）绿色金融素养

1. 总体绿色金融素养

在选择"我认为我很了解绿色金融"的认同度时，选择"很同意"或者

"同意"的比例较低，合计占比不到 12%，选择"很不同意"或"不同意"的占比略高，合计超过 20%，其余为 66.45% 的选择"一般"，如图 4 - 8 所示。因此，从总体上看，被调研者对于绿色金融的了解程度并不高。

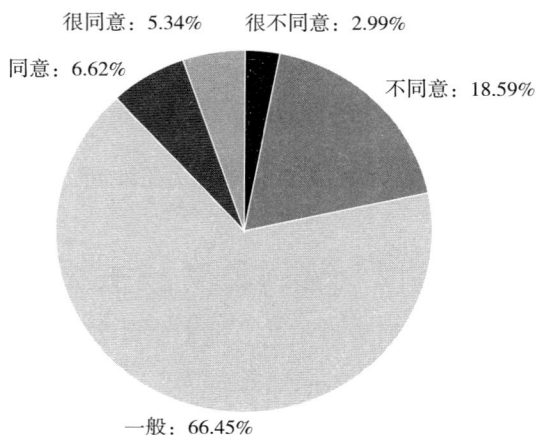

图 4 - 8 绿色金融整体素养

2. 绿色金融产品素养

在回答"除了'蚂蚁森林'，您还知道绿色金融包括哪些产品和服务"时，对绿色基金和绿色保险的了解程度较高，均超过 50%，对绿色信贷的了解较低，绿色债券最低，为 41.67%，如图 4 - 9 所示。

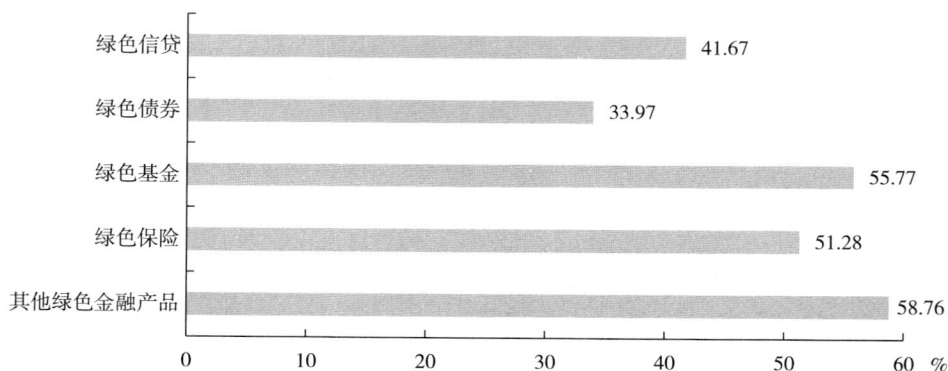

图 4 - 9 绿色金融产品素养

（五）其他方面

接下来继续从多个角度进一步分析"蚂蚁森林"对参与者生活习惯和环保理念的影响、对于普及绿色金融发展的意义以及对社会责任层面的影响力。

1. "蚂蚁森林"对生活习惯和环保理念的影响

在回答"您觉得蚂蚁森林给您的生活带来了什么变化"时，超过一半比例的被调查者（57.48%）选择了"生活娱乐多了一项"，此项占比最高。这个结果有点意外，但恰恰表明了蚂蚁森林的成功：从增添生活乐趣的角度切入，很自然，效果很好。其次，分别约有50%的人选择了"提高了自我的环保意识"和"增加了运动时间和低碳出行"，表明"蚂蚁森林"对于普及环保理念的确起到了积极作用，如图4-10所示。

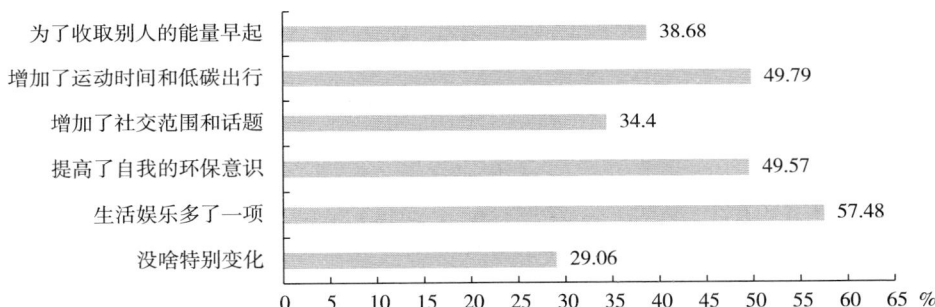

图4-10 对生活习惯和环保理念的影响

有趣的是，分别约有39%和34%的人选择"为了收取别人的能量早起"和"增加了社交范围和话题"，体现了"蚂蚁森林"在人们生活习惯和社交的影响力也不容小视。蚂蚁森林上线后，在可能认识的朋友这一栏，增加了还不是好友的这些朋友的"碳账户"标识，激发用户与他们互加好友，因为有"利"（能量）可图。但是仍然有约30%的人选择"没啥特别变化"。

2. "蚂蚁森林"对公益活动和社会责任的影响力

调研表明，"蚂蚁森林"对人们的社会责任感的提升有较大的外部性。这主要体现在以下几个方面：一是增强了大众对公益事业的认知和理解。二是面向大众，提供了以绿色普惠金融为载体参与公益事业的具体而可行的方式。三是区分了不同消费行为对环境的影响有显著差异，因此具有引导绿色消费的潜在力量。

比如，在回答"我认为积攒虚拟能量种真实树木的方式能促进环境的保护和公益的建设"时，选择"非常同意"的人数超过20%，选择"同意"的占比超过一半，二者合计为77.56%，如图4-11所示。

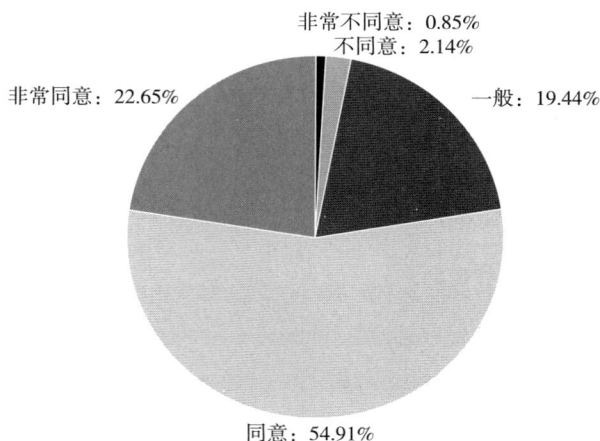

图4-11 积攒虚拟能量种真实树木的方式能促进环境的保护

又比如，在回答"您觉得个人消费方式的选择对环境影响大吗"时，选择"非常大"和"比较大"的比例较高，选择分别占到16.03%和53.42%，二者合计为69.45%，如图4-12所示。

在选择"我认为绿色金融在中国的发展前景广阔"的认可程度时，选择"很不同意"或"不同意"的合计仅占不到2%，选择"一般"的占比为30.77%，选择"同意"的占比最高的超过一半比例，为53.85%，还有约13.9%选择的是"很同意"，如图4-13所示。因此，总体上看，受访者对于我国绿色金融发展的前景总体是非常乐观的。

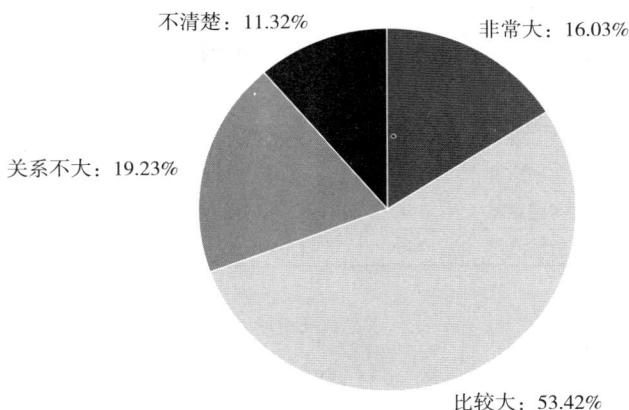

图 4-12 个人消费方式对环境的影响

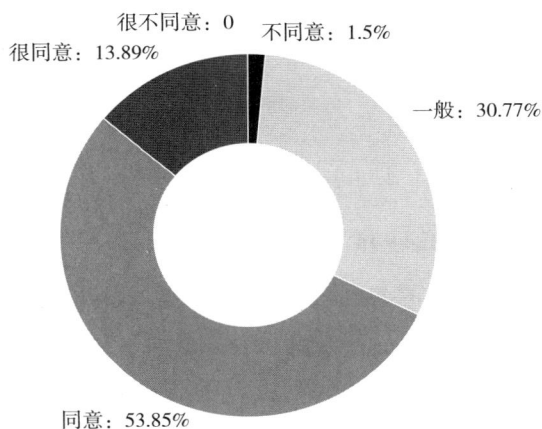

图 4-13 绿色金融发展前景

三、交叉分析

（一）个体性质的异质性影响

个体性质差异会产生异质性影响，比如比较常见的性别、年龄特征等。从性别比较角度看，无论是满意度总值，还是分项的满意度，男性与女性之间均不存在显著差异。从图示来看，除了对收集绿色能量所需时间满意度存在较小差异外，其余满意度的图形重合度较高，如表 4-3 和图 4-14 所示。

表 4-3　　　　　　　　　满意度性别差异比较

变量	含义	男性样本	男性均值	女性样本	女性均值	均值差
$SatisOverall$	总体满意度	146	3.904	322	3.91	-0.006
$SatisKind$	能量种类满意度	146	3.705	322	3.717	-0.012
$SatisTime$	收集时间满意度	146	3.548	322	3.463	0.085
$SatisAmount$	能力数量满意度	146	3.589	322	3.581	0.008

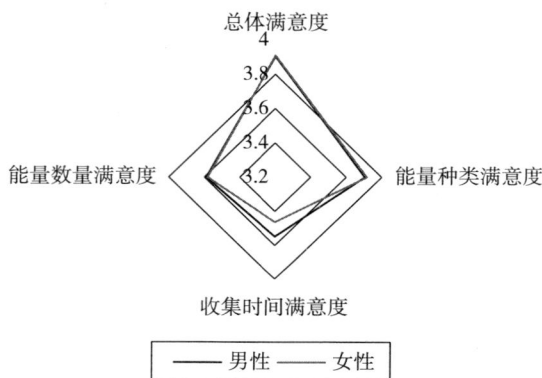

图 4-14　满意度性别差异比较

从性别与绿色金融素养的关系来看，总体金融素养，男性在 10% 的水平下高于女性。从具体绿色金融产品的了解来看，男性主要在对其他绿色金融产品的了解要多于女性。而女性在对绿色基金（5% 显著性水平）和绿色保险（10% 显著性水平）两类绿色金融产品的了解程度上要显著高于男性，在绿色保险和绿色债券的了解上无显著差异。这种性别差异如表 4-4 和图 4-15 所示。

表 4-4　　　　绿色金融总体素养与绿色金融产品素养的性别差异

变量	含义	男性样本	男性均值	女性样本	女性均值	均值差
$GFac$	绿色金融素养	146	3.027	322	2.882	0.145 *
$GFloan$	绿色信贷	146	0.377	322	0.435	-0.058
$GFdelt$	绿色债券	146	0.37	322	0.326	0.044
$GFfund$	绿色基金	146	0.479	322	0.593	-0.114 **
$GFinsurance$	绿色保险	146	0.452	322	0.54	-0.088 *
$GFother$	其他产品	146	0.664	322	0.553	0.112 **

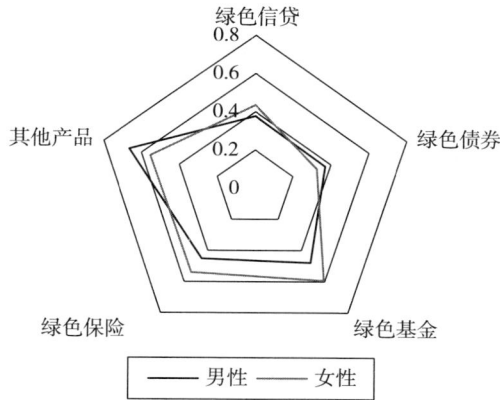

图 4 - 15　绿色金融产品素养的性别差异

（二）"蚂蚁森林"对普及绿色金融发展的意义

对"蚂蚁森林"使用的满意度进一步进行交叉分析，结果表明，"蚂蚁森林"使用总体满意度与通过"蚂蚁森林"增加参与感，推动绿色金融发展的乐观程度正相关。选择对"蚂蚁森林""很满意"的样本中，有约80%的人非常认同"我认为蚂蚁森林通过互联网能够打造绿色金融，并能积极推动全民参与"，而选择对"蚂蚁森林""不满意"或者"一般"的样本中，选择非常同意的人数比例是 0 和 2.44%，如图 4 - 16 所示。这总体上表明，对于"蚂蚁森林"的满意度越高，对绿色普惠金融的参与意愿也越高。

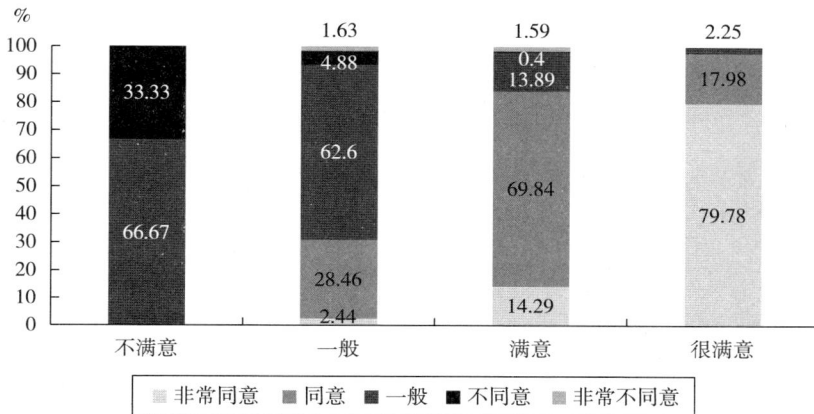

图 4 - 16　"蚂蚁森林"满意度与绿色金融参与度交叉分析

　　另外一个规律是，选择对"蚂蚁森林""很满意"的人，对于"我认为绿色金融在中国的发展前景广阔"选择"非常同意"的人数比例达到43.88%，显著地高于其他组（其他组选择"很同意"的比例均小于8%）；选择"同意"和"很同意"的总体比例超过了85%，也是所有分组中比例最高的，如图4-17所示。因此，这表明总体上对绿色金融产品的满意度越高，对于未来绿色金融发展前景的乐观程度也越高。

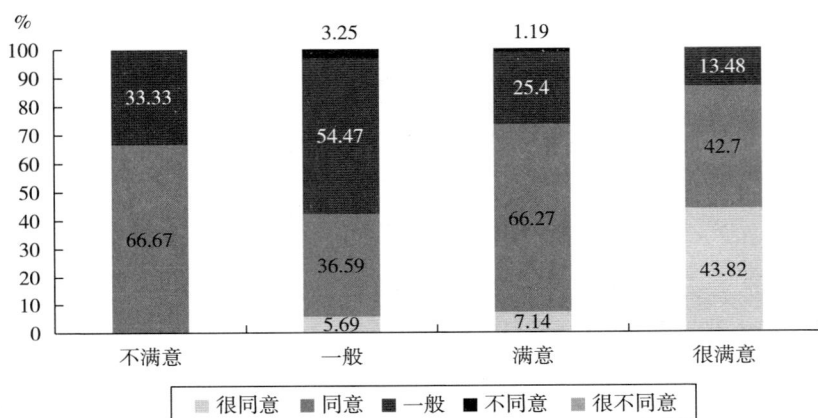

图4-17　"蚂蚁森林"满意度与绿色金融发展前景交叉分析

第二节　绿色金融产品满意度及其影响因素

一、绿色金融产品满意度

　　为了进行量化分析，我们对因变量（满意度）和各种可能的影响因素进行赋值。我们首先对因变量即满意度赋值。很满意为5，比较满意为4，一般为3，不够满意为2，很不满意为1。

　　根据"蚂蚁森林"的特点，我们对满意度设置了总体满意度和具体满意度两个层面。具体满意度包括产生绿色能量事项的种类、收取绿色能力时间以及各类行为产生绿色能量的数量等三个方面。表4-5描述性统计表明，均值最高的是总体满意度，而对各类具体项目产生绿色能力的数量满意度最低，说明在对各种绿色能力赋值时还有进一步优化的空间。

表4-5　　　　　　　　满意度指标描述性统计

指标	变量	样本量	均值	标准差	最小值	最大值
总体满意度	*Satisfaction*	468	3.9081	0.700	1	5
能量种类满意度	*SatisKind*	468	3.7137	0.785	1	5
收取时间满意度	*SatisTime*	468	3.4893	0.884	1	5
能量数量满意度	*SatisAmount*	468	3.5833	0.827	1	5

从这几个满意度之间的相互关系看，总体上呈现正相关关系，其中总体满意度与不同项目产生绿色能量的数量之间相关度最高，与产生能量的时间和数量相关性较低，但都通过了5%水平的显著性检验，如表4-6所示。

表4-6　　　　　　　　满意度间的相互关系

变量	*Satisfaction*	*SatisKind*	*SatisTime*	*SatisAmount*
Satisfaction	1	0.666 *	0.539 *	0.572 *
SatisKind	0.657 *	1	0.645 *	0.635 *
SatisTime	0.533 *	0.631 *	1	0.732 *
SatisAmount	0.532 *	0.587 *	0.724 *	1

注：下三角报告了皮尔森相关性系数（person correlation coefficient），上三角报告了斯皮尔曼相关性系数（spearman correlation coefficient），＊表示在5%水平上显著。

二、参与度对绿色金融产品满意度的影响

（一）研究设计与基准回归

不少学者从行为角度和结果角度研究顾客参与，并认为其可以影响对服务的质量的感知和满意度。郑秋莹等（2017）把自我实现型快乐归纳为，当消费者在消费过程中接纳一些具有挑战性的任务时，会给消费者提供寻求内心真我、发挥潜能的机会，这种重塑自我、追求个性所需要的独特体验正是后现代社会消费者的重要特征。唐毅青（2017）基于问卷的调研分析表明，社会影响与协同消费的感知有用性正相关。岳秋荧（2019）基于问卷的调研

发现，顾客参与和服务质量正相关，与持续使用意愿也正相关。

还有学者从绿色消费或生态消费的角度进行探讨。刘艳萍（2010）较早地关注了我国生态消费参与的历史、现状和挑战，提出了构建生态消费价值观、完善生态消费参与的公共决策机制、健全生态消费参与的法律保障体系等政策建议。吴波等（2016）通过实验发现当绿色消费和享乐消费是竞争关系时，可促进认为环境价值观重要的消费者的绿色消费。郑秋莹等（2017）的研究通过深度访谈、实验模拟等步骤，进一步关注顾客参与过程中快乐感的具体形成机制，并进一步把快乐感区分为感官享乐型和自我实现型。

在金融消费领域，周衍鲁、周挺辉（2018）发现，两大类消费金融主体即银行类和互联网金融类，存在运作模式上的显著差异。因此，根据已有相关研究，提出如下研究假设：

假设1：基于消费者的绿色金融产品的参与度与满意度正相关。

还有的学者从社交行为和社交网络角度考察满意度。唐晓莉、宋之杰（2019）从演化博弈的角度，构建供给、需求与平台三方参与协同消费行为的模型，表明在一定条件下形成参与者协同的稳定状态。杜淑琳（2018）的经验研究结果表明，个人利得、社会利得以及易用性与共享经济和协同消费正相关。

对于社交与消费满意度的关联，有学者从情感的角度加以解释，比如杨晓燕、邓珏坤（2014）通过实验方法研究了协同消费中的情感依恋对消费者参与度的影响。他们的研究发现，与控制组相比，加强了情感依恋的消费者更加倾向于自己留存，而不是赠送或者出售。因此提出如下研究假设：

假设2：基于消费者的绿色金融产品的社交活动与满意度正相关。

根据假设1，考察参与度对绿色金融产品满意度的影响，则构建如下基准计量模型：

$$Satisfaction_i = \beta_0 + \beta_1 Participation_i + \lambda_i X_i + \varepsilon_i \qquad (4-1)$$

其中，$Satisfaction_i$ 是消费者绿色金融的满意度，$Participation_i$ 是绿色金融产品的参与度，$\lambda_i X_i$ 是控制变量，ε_i 是随机项。如果引入社交因素，同时考察参与度与社交网络的对绿色金融产品满意度的考察，则构建如下计量模型：

$$Satisfaction_i = \beta_0 + \beta_1 Participation_i + \beta_2 SocialNetwork_i + \lambda_i X_i + \varepsilon_i$$

$$(4-2)$$

其中，$Satisfaction_i$ 是消费者绿色金融产品总体满意度，$Participation_i$ 是绿色金融产品的参与度，$SocialNetwork_i$ 是绿色金融产品带来的社交网络关联，λ_i X_i 是控制变量，ε_i 是随机项。

被解释变量是绿色金融产品满意度（Satisfaction）。除了总体满意度，我们还设置了三个分项满意度，即对收集绿色能量种类满意度（SatisKind）、绿色能量收取时间满意度（SatisTime）和收集绿色能量数量满意度（SatisAmount）。核心解释变量是绿色金融活动的参与度（Participation）和绿色金融产品带来的社交网络关联（SocialNetwork）。其中参与绿色金融活动的方式即获取绿色能量的具体方式又包括行走（Walking）、网络购票（Tickets）、线下支付（Payment）、生活缴费（Fee）、电子发票（Invoice）、预约挂号（Appointment）和其他（Other）。其他控制变量包括性别（Sex）、年龄（Age）、教育水平（Education）、是否知晓"蚂蚁森林"产品（Awareness）等。数据来源是基于问卷星的问卷调查数据，主要变量的释义和描述性统计如表4－7和表4－8所示。

表4－7 变量说明

变量	变量含义	统计说明
Satisfaction	总体满意度	非常满意 =5，满意 =4，一般 =3，不满意 =2，非常不满意 =1
SatisKind	能量种类满意度	非常满意 =5，满意 =4，一般 =3，不满意 =2，非常不满意 =1
SatisTime	收取时间满意度	非常满意 =5，满意 =4，一般 =3，不满意 =2，非常不满意 =1
SatisAmount	能量数量满意度	非常满意 =5，满意 =4，一般 =3，不满意 =2，非常不满意 =1
TreeTime	种植一棵新树所需时间	1 个月以内 =1，1 ~ 3 个月 =2，3 ~ 6 个月 =3，6 ~ 9 个月 =4，9 个月以上 =5
Walking	行走	采取这种方式收集能力 =1，不采取这种方式收集能量 =0
Tickets	网络购票	采取这种方式收集能力 =1，不采取这种方式收集能量 =0
Payment	线下支付	采取这种方式收集能力 =1，不采取这种方式收集能量 =0
Fee	生活缴费	采取这种方式收集能力 =1，不采取这种方式收集能量 =0
Invoice	电子发票	采取这种方式收集能力 =1，不采取这种方式收集能量 =0
Appointment	预约挂号	采取这种方式收集能力 =1，不采取这种方式收集能量 =0
Other	其他方式	采取这种方式收集能力 =1，不采取这种方式收集能量 =0
Parivcpation	参与度	非常同意 =5，同意 =4，一般 =3，不同意 =2，非常不同意 =1
SocialNetwork	社交网络关联	非常同意 =5，同意 =4，一般 =3，不同意 =2，非常不同意 =1

续表

变量	变量含义	统计说明
Sex	性别	男性 = 1，女性 = 0
Age	年龄	14 岁及以下 = 1，15～19 岁 = 2，20～29 岁 = 3，30～39 岁 = 4，40 岁及以上 = 5
Education	教育水平	初中及以下 = 1，高中、中职 = 2，大专、高职 = 3，大学本科 = 4，硕士研究生及以上 = 5
Awareness	是否知晓	不知道 = 1，知道，但没用过 = 2，知道，正在使用 = 3

表 4 – 8　　　　　　　　　　　描述性统计

变量	样本量	均值	标准差	最小值	中位数	最大值
Satisfaction	468	3.9081	0.700	1	4	5
SatisKind	468	3.7137	0.785	1	4	5
SatisTime	468	3.4893	0.884	1	3	5
SatisAmount	468	3.5833	0.827	1	4	5
TreeTime	468	3.6004	1.322	1	4	5
Walking	468	0.8697	0.337	0	1	1
Tickets	468	0.7009	0.458	0	1	1
Payment	468	0.8889	0.315	0	1	1
Fee	468	0.3697	0.483	0	0	1
Invoice	468	0.1368	0.344	0	0	1
Appointment	468	0.0962	0.295	0	0	1
Other	468	0.3440	0.476	0	0	1
Participation	468	3.9081	0.824	1	4	5
SocialNetwork	468	3.6432	0.897	1	4	5
Sex	468	1.6880	0.464	1	2	2
Age	468	2.6325	0.652	1	3	5
Education	468	3.2821	0.652	1	3	5
Awareness	468	2.8462	0.411	1	3	3

　　表 4 – 9 第（1）列采用 OLS 回归方法，第（2）列采用有序逻辑回归（Ordered logistic regression）方法，结果表明系数的大小有差异，但是系数的方向和显著性水平比较一致。结果表明，对"蚂蚁森林"这种基于消费者的

绿色金融产品而言，参与度越高，满意度也越高。具体表示为，种植一棵树的时间与满意度负相关。① 但是，消费者已有树的数量与满意度之间的相关性并不显著，这表明参与度更可能体现在参与的密度上，而不是累积的参与数量。

接下来我们进一步考虑这种参与度除了个体行为，是否还受到群体行为的影响，即社交活动是否影响满意度。类似的，第（3）列采用 OLS 回归方法，第（4）列采用有序逻辑回归（Ordered logistic regression）方法，我们加入了社交因素，结果显示与收集绿色能量相关的社交活动则与满意度在 1% 水平下显著正相关②，这表明社交活动的确提升了绿色金融产品的满意度。与之相对照的是，性别、年龄、学历的差异对于满意度并没有统计上的显著关系，这说明绿色普惠金融的普适性。

表 4 – 9　　　　　　　参与度对绿色金融产品满意度的影响

变量	（1）	（2）	（3）	（4）
估计方法	OLS	Ologit	OLS	Ologit
Sex	−0.004 (−0.07)	−0.027 (−0.12)	−0.011 (−0.22)	−0.039 (−0.17)
Age	−0.041 (−1.01)	−0.145 (−0.86)	−0.018 (−0.47)	−0.065 (−0.37)
Education	0.001 (0.03)	0.001 (0.01)	−0.007 (−0.19)	−0.027 (−0.16)
Awareness	−0.042 (−0.67)	−0.125 (−0.49)	−0.008 (−0.14)	0.019 (0.07)
Treenumber	0.039 (1.53)	0.135 (1.28)	0.041* (1.69)	0.161 (1.48)
TreeTime	−0.041** (−1.99)	−0.162* (−1.94)	−0.038** (−1.97)	−0.179** (−2.05)

① 根据"蚂蚁森林"的特定设置，种植不同种类的树所需要的能量不同，但都有明确的能力值。因此，总体上看，参与能够产生绿色能量的活动越频繁，收集的能量就越多，达到种一棵树所需能量的时间就越短。因此，可以认为种植所需时间与参与度负相关。

② 根据蚂蚁森林的特定设置，好友之前可以通过"偷取"或"赠予"绿色能量等方式进行互动。

续表

变量	（1）	（2）	（3）	（4）
估计方法	OLS	Ologit	OLS	Ologit
Participation	0.535 *** (17.23)	2.238 *** (13.25)	0.379 *** (10.48)	1.645 *** (8.97)
SocialNetwork			0.241 *** (7.43)	1.122 *** (7.10)
常数项	2.140 *** (7.38)		1.723 *** (6.15)	
样本量	468	468	468	468
R²	0.431		0.492	
调整的 R²	0.42		0.48	
Log *likelihood*		−356.179		−328.356
Prob		0.000		0.000

注：*** 、** 和 * 分别表示在 1%、5% 和 10% 的水平上显著。

（二）绿色金融消费方式对满意度的影响

进一步考虑参与绿色能量采集方式对绿色金融产品满意度的影响，结果表明，总体上看，具体的方式对满意度的影响均不显著。比如，表 4-10 第（1）列检验是否通过电子支付的方式累积绿色能量对满意度的影响，第（2）列检验是否通过步行的方式累积绿色能量对满意度的影响，第（3）列检验是否通过电子购票的方式累积绿色能量对满意度的影响，第（4）列则考虑各种方式的综合影响。

具体方式对绿色金融产品满意度影响统计上不显著的原因可能有两方面：一是存在消费者的个体差异，彼此之间的偏好可能造成影响上的相互抵消。二是部分行为的普及度已经很高，比如电子支付、行走和电子购票，占比均超过 70%①，因此对绿色金融产品总体满意度影响的差异性较小。张琰飞等（2013）发现，低碳旅游环境是旅游者进行低碳旅游的基本条件。因此，丰富绿色金融消费场景有助于增加消费者进行绿色消费行为的参与度，进而提高绿色金融产品的满意度。

---

① 具体比例参见上一节的具体调研结果分析。

表 4 - 10   绿色金融消费方式对满意度的影响

变量	（1）	（2）	（3）	（4）
Sex	− 0. 008 （ − 0. 16）	− 0. 011 （ − 0. 22）	− 0. 014 （ − 0. 27）	− 0. 011 （ − 0. 21）
Age	− 0. 019 （ − 0. 50）	− 0. 018 （ − 0. 47）	− 0. 019 （ − 0. 49）	− 0. 015 （ − 0. 39）
Education	− 0. 006 （ − 0. 14）	− 0. 007 （ − 0. 19）	− 0. 007 （ − 0. 19）	− 0. 006 （ − 0. 16）
Awareness	0. 005 （0. 07）	− 0. 007 （ − 0. 10）	− 0. 014 （ − 0. 23）	0. 001 （0. 02）
TreeNumber	0. 042 * （1. 72）	0. 041 * （1. 69）	0. 041 * （1. 67）	0. 040 （1. 61）
TreeTime	− 0. 039 ** （ − 2. 00）	− 0. 038 ** （ − 1. 97）	− 0. 037 * （ − 1. 91）	− 0. 039 ** （ − 1. 97）
Participation	0. 379 *** （10. 48）	0. 379 *** （10. 47）	0. 380 *** （10. 46）	0. 378 *** （10. 28）
SocialNetwork	0. 241 *** （7. 42）	0. 241 *** （7. 41）	0. 239 *** （7. 32）	0. 242 *** （7. 28）
Payment	− 0. 038 （ − 0. 43）			− 0. 039 （ − 0. 42）
Walking		− 0. 006 （ − 0. 08）		0. 009 （0. 12）
Tickets			0. 018 （0. 33）	0. 036 （0. 61）
Fee				− 0. 038 （ − 0. 68）
Invoice				− 0. 009 （ − 0. 10）
Appointment				− 0. 022 （ − 0. 21）
Other				0. 053 （1. 03）
常数项	1. 710 *** （6. 06）	1. 721 *** （6. 13）	1. 732 *** （6. 15）	1. 689 *** （5. 92）

续表

变量	（1）	（2）	（3）	（4）
样本量	468	468	468	468
R²	0.492	0.492	0.492	0.494
调整的 R²	0.48	0.48	0.48	0.48

注：*** 、** 和 * 分别表示在 1% 、5% 和 10% 的水平上显著。

（三）绿色金融参与度对分项满意度的影响

从分项满意度来看，和总体满意度基本一致，但也存在一些差异。对收集绿色能量种类、收集绿色能量时长和收集绿色能量数量等三项分项满意度而言，参与度和社交互动均呈现正相关，且在 1% 水平上显著，如表 4 – 11 所示。

表 4 – 11　　　　　　**绿色金融参与度对分项满意度的影响**

变量	（1）	（2）	（3）
被解释变量	SatisKind	SatisTime	SatisAmount
Sex	− 0. 018 （ − 0. 26）	− 0. 137 * （ − 1. 78）	− 0. 044 （ − 0. 59）
Age	0. 084 * （1. 69）	0. 081 （1. 43）	0. 034 （0. 61）
Education	− 0. 052 （ − 1. 05）	− 0. 157 *** （ − 2. 79）	− 0. 156 *** （ − 2. 85）
Awareness	− 0. 058 （ − 0. 66）	− 0. 087 （ − 0. 86）	− 0. 016 （ − 0. 16）
TreeNumber	0. 018 （0. 57）	− 0. 000 （ − 0. 01）	0. 010 （0. 28）
TreeTime	0. 012 （0. 49）	− 0. 054 * （ − 1. 87）	− 0. 039 （ − 1. 39）
Participation	0. 248 *** （5. 29）	0. 193 *** （3. 64）	0. 184 *** （3. 56）
SocialNetwork	0. 333 *** （7. 89）	0. 399 *** （8. 31）	0. 329 *** （7. 06）
Walking	− 0. 037 （ − 0. 35）	− 0. 048 （ − 0. 41）	− 0. 127 （ − 1. 11）

续表

变量	（1）	（2）	（3）
被解释变量	SatisKind	SatisTime	SatisAmount
Tickets	−0.058 （−0.76）	0.066 （0.76）	−0.011 （−0.13）
Payment	0.193 （1.61）	−0.138 （−1.01）	−0.077 （−0.58）
Fee	−0.026 （−0.37）	0.020 （0.24）	0.003 （0.03）
Invoice	−0.088 （−0.75）	−0.185 （−1.40）	−0.106 （−0.82）
Appointment	0.156 （1.18）	0.477 *** （3.17）	0.335 ** （2.30）
Other	0.092 （1.39）	0.041 （0.55）	0.122 * （1.67）
常数项	1.380 *** （3.80）	2.252 *** （5.46）	2.421 *** （6.04）
样本量	468	468	468
R^2	0.347	0.336	0.286
调整的 R^2	0.33	0.31	0.26

注：*** 、** 和 * 分别表示在1%、5%和10%的水平上显著。

对收集绿色能量种类而言，如表4-11第（1）列所示，年龄与收集绿色能量的种类在10%水平上显著，表明年轻人可能对丰富绿色能量的收集种类和扩大范围有更多的期待。

对收集绿色能量所需时长而言，如第（2）列所示，性别与该分项满意度负相关（10%水平上），说明女性可能对收集能量的时长更加敏感。教育水平则与能量收集时长在1%水平上显著负相关。一种可能的解释是，受教育水平与收入水平正相关，因此收集能量所花时间的机会成本也更高，因此对时长更加敏感。与之相映证的是，种一棵树所花时间与能量收集时长满意度负相关（10%水平上）。此外，采取预约挂号方式收集能量与收集能量时长在1%水平上显著正相关，这再次说明节约时间是增加绿色能量收取时长的重要考虑因素。

对收集能量的数量而言，如第（3）列所示，与收集能量的时长有较多的相似之处，比如受教育水平与收集能量数量显著负相关（1% 水平上）、采取预约挂号方式收集能量与收集能量数量显著正相关（1% 水平上）。区别是性别与收集能量负相关但统计上不显著，而采取其他收集能量的消费者与收集能量数量在 10% 水平上显著正相关。

　　总体来看，总体满意度与分项满意度之间存在重要的共性，即参与度与社交与总体满意度和分项满意度均显著正相关，但也存在一些差异，比如受教育水平对收取能量的时长和数量显著负相关，与某些能够节约时间的参与方式显著正相关。这为针对不同类型的消费者提供有针对性的差异化的服务提供了事实基础和经验证据。

三、绿色金融素养与绿色金融满意度

（一）研究设计与基准回归

　　上文分析了参与度与绿色金融消费满意度的影响。接下来我们从一个较新的角度即金融素养来做进一步分析。刘国强（2018）运用主成分法和因子分析构建了消费者金融素养指数，发现我国消费者的金融素养水平目前处于中等水平，性别、年龄、受教育程度、职业、收入和地域等因素对消费者金融素养水平有影响。胡小梅等（2019）基于全国 539 份调查问卷数据分析表明，目前大众对绿色金融产品的认知度程度仍然较低，但对其接受程度较高，并对其在我国的发展前景持有乐观态度。廖理等（2019）把金融素养区分为主观金融素养和客观金融素养，发现对女性而言两者都显著低于男性。进一步研究发现，数学能力和风险态度等认知能力具有对金融素养性别差异的解释能力。

　　吴卫星等（2019）基于清华大学中国金融研究中心的调研数据发现绝大多数居民家庭对贷款产品了解程度和金融素养水平普遍较低，金融素养高的居民家庭更可能通过正规渠道借贷持有负债。向晖、郭珍珍（2019）基于492 份调查问卷数据，采用因子分析方法和结构方程模型分析发现，消费者金融素养与网贷消费行为显著正相关。

根据已有研究，提出研究假设：

假设 1：消费者的绿色金融素养与满意度正相关。

假设 2：消费者对具体绿色金融产品的了解与满意度正相关。

根据假设 1，考察消费者的绿色金融素养对绿色金融产品满意度的影响，则构建如下基准计量模型：

$$Satisfaction_i = \beta_0 + \beta_1 GFLiteracy_i + \lambda_i X_i + \varepsilon_i \qquad (4-3)$$

其中，$Satisfaction_i$ 是消费者绿色金融的满意度，$GFLiteracy_i$ 是绿色金融素养，$\lambda_i X_i$ 是控制变量，ε_i 是随机项。

如果引入社交因素，同时考察参与度与社交网络的对绿色金融产品满意度的考察，则构建如下计量模型：

$$Satisfaction_i = \beta_0 + \beta_j GFLiteracyProduct_{i,j} + \lambda_i X_i + \varepsilon_i \qquad (4-4)$$

其中，$Satisfaction_i$ 是消费者绿色金融的满意度，$GFLiteracyProduct_{i,j}$ 是不同绿色金融产品的了解程度，$\lambda_i X_i$ 是控制变量，ε_i 是随机项。

表 4 – 12　　　　　　　　　　　　变量说明

变量	变量含义	统计说明
$GFac$	对绿色金融了解（绿色金融术语）	非常同意 =5，同意 =4，一般 =3，不同意 =2，非常不同意 =1
$GFloan$	对绿色信贷产品了解	了解 =1，不了解 =0
$GFdelt$	对绿色债券产品了解	了解 =1，不了解 =0
$GFfund$	对绿色基金产品了解	了解 =1，不了解 =0
$GFinsurance$	对绿色保险产品了解	了解 =1，不了解 =0
$GFother$	对其他绿色金融产品了解	了解 =1，不了解 =0
$GFac2$	对绿色金融产品了解	对前述五项具体产品了解的加总，取值范围 0 ~ 5

变量释义和描述性统计如表 4 – 12 和表 4 – 13 所示，说明对绿色信贷和绿色债券的平均了解比例较低，分别为 42% 和 34%，对绿色基金、绿色保险以及其他绿色金融产品的了解比例较高，均值 50% 以上。绿色金融产品了解数量加总后的均值为 2.4145，除去其他选项，平均每个消费者对不到 2 种绿色金融产品有所了解。

表4-13   描述性统计

变量	样本量	均值	标准差	最小值	中位数	最大值
GFac	468	2.9274	0.763	1	3	5
GFloan	468	0.4167	0.494	0	0	1
GFdelt	468	0.3397	0.474	0	0	1
GFfund	468	0.5577	0.497	0	1	1
GFinsurance	468	0.5128	0.500	0	1	1
GFother	468	0.5876	0.493	0	1	1
GFac2	468	2.4145	1.548	1	2	5

接下来考察绿色金融素养对满意度的影响，总体来看，绿色金融素养与满意度在1%显著性水平上正相关。表4-14第（1）（3）列采用OLS回归方法，第（2）（4）列采用有序逻辑回归（Ordered logistic regression）方法，结果显示绿色金融素养系数的大小有差异，但是系数的方向和显著性水平比较一致。结果表明，对"蚂蚁森林"这种基于消费者的绿色金融产品而言，绿色金融素养与绿色金融产品满意度均在1%水平上显著正相关。

与前文的结果比较表明，不论是采用OLS方法还是有序逻辑回归，绿色金融产品的参与度、社交网络关联与绿色金融产品满意度均在1%水平上显著正相关，保持了较好的稳健性。同时，性别、年龄、学历的差异对于满意度并没有统计上的显著关系，与前述结果相比，稳健性保持良好，再次说明了绿色普惠金融的普适性。

表4-14   绿色金融素养对满意度的影响

变量	（1）	（2）	（3）	（4）
估计方法	OLS	Ologit	OLS	Ologit
GFac	0.141 *** (4.21)	0.600 *** (4.10)	0.087 *** (2.64)	0.402 *** (2.64)
Sex	0.017 (0.32)	0.074 (0.33)	0.002 (0.05)	0.018 (0.08)
Age	−0.052 (−1.29)	−0.201 (−1.17)	−0.027 (−0.70)	−0.106 (−0.59)
Education	0.017 (0.42)	0.062 (0.37)	0.003 (0.08)	0.015 (0.08)

续表

变量	（1）	（2）	（3）	（4）
估计方法	OLS	Ologit	OLS	Ologit
Awareness	−0.016 （−0.26）	−0.005 （−0.02）	0.005 （0.08）	0.099 （0.37）
Treenumber	0.044 * （1.75）	0.150 （1.40）	0.044 * （1.82）	0.168 （1.52）
TreeTime	−0.028 （−1.37）	−0.116 （−1.35）	−0.031 （−1.56）	−0.146 （−1.64）
Participation	0.504 *** （16.09）	2.150 *** （12.52）	0.374 *** （10.40）	1.633 *** （8.89）
SocialNetwork			0.219 *** （6.59）	1.037 *** （6.47）
常数项	1.668 *** （5.45）		1.468 *** （4.99）	
样本量	468	468	468	468
R^2	0.452		0.500	
调整的 R^2	0.44		0.49	
Log *likelihood*		−347.299		−324.779
Prob		0.000		0.000

注：*** 、* 分别表示在 1%、10% 的水平上显著。

（二）绿色金融产品素养对满意度的影响

分项看，对绿色信贷、绿色债券、绿色基金产品以及其他绿色金融产品的了解并不能增加基于消费的绿色金融总体的满意度，对绿色保险的了解甚至与基于消费的绿色金融满意度负相关（10% 水平上），如表 4-15 所示。这可能说明，传统绿色金融产品与基于消费的绿色金融产品之间可能无关，甚至存在一定的替代效应。这样的结果表明，相对于传统的面向企业和政府的绿色金融产品而言，基于消费者的绿色金融产品目前仍然是一片蓝海，发展潜力巨大。

同时，对具体绿色金融产品的了解，不等同于对绿色金融整体的了解，因为后者还包括了行为习惯、价值认同等社会和人文属性。因此，这启发我们在开展消费者和投资者教育过程中，需要把对具体的绿色金融产品和绿色金融理念结合起来，更加系统和完整地提升消费者绿色金融素养。

表 4 – 15　　　　　　　　绿色金融产品素养对满意度的影响

变量	（1）	（2）	（3）	（4）	（5）
GFloan	– 0. 016 （ – 0. 34）				
GFdelt		– 0. 041 （ – 0. 83）			
GFfund			– 0. 053 （ – 1. 10）		
GFinsurance				– 0. 080 * （ – 1. 67）	
GFother					– 0. 029 （ – 0. 60）
Sex	– 0. 011 （ – 0. 21）	– 0. 014 （ – 0. 27）	– 0. 006 （ – 0. 11）	– 0. 005 （ – 0. 10）	– 0. 015 （ – 0. 29）
Age	– 0. 017 （ – 0. 45）	– 0. 017 （ – 0. 43）	– 0. 018 （ – 0. 46）	– 0. 016 （ – 0. 42）	– 0. 017 （ – 0. 45）
Education	– 0. 008 （ – 0. 20）	– 0. 007 （ – 0. 18）	– 0. 007 （ – 0. 18）	– 0. 007 （ – 0. 18）	– 0. 008 （ – 0. 20）
Awareness	– 0. 008 （ – 0. 13）	– 0. 007 （ – 0. 12）	– 0. 005 （ – 0. 08）	0. 002 （0. 03）	– 0. 006 （ – 0. 09）
Treenumber	0. 042 * （1. 72）	0. 043 * （1. 76）	0. 042 * （1. 73）	0. 041 * （1. 70）	0. 043 * （1. 74）
TreeTime	– 0. 038 ** （ – 1. 98）	– 0. 038 * （ – 1. 93）	– 0. 040 ** （ – 2. 06）	– 0. 042 ** （ – 2. 17）	– 0. 038 * （ – 1. 93）
Participation	0. 378 *** （10. 43）	0. 377 *** （10. 44）	0. 378 *** （10. 48）	0. 382 *** （10. 58）	0. 379 *** （10. 48）
SocialNetwork	0. 242 *** （7. 42）	0. 244 *** （7. 47）	0. 244 *** （7. 50）	0. 245 *** （7. 56）	0. 241 *** （7. 42）
常数项	1. 723 *** （6. 15）	1. 717 *** （6. 13）	1. 722 *** （6. 15）	1. 701 *** （6. 08）	1. 730 *** （6. 17）
样本量	468	468	468	468	468
R^2	0. 492	0. 493	0. 493	0. 495	0. 492
调整的 R^2	0. 48	0. 48	0. 48	0. 49	0. 48

注：***、** 和 * 分别表示在 1%、5% 和 10% 的水平上显著。

（三）绿色金融素养对分项满意度的影响

从分项满意度来看，和总体满意度基本一致，但也存在一些差异。绿色金融素养与收集绿色能量种类（10%水平上）、收集绿色能量时长（1%水平上）和收集绿色能量数量（1%水平上）等三项分项满意度正相关。参与度和社交互动与三项分项满意度呈现正相关，且在1%水平上显著，如表4－16所示。

第（2）（3）列显示，教育水平则与能量收集时长和能量收集数量在5%水平上显著负相关，采取预约挂号方式收集能量与收集能量时长在1%水平上显著正相关。再次说明节约时间是增加绿色能量收取时长的重要考虑因素，这与此前的回归结果相比保持了较好的稳健性。

表4－16　　　　　　　绿色金融素养对分项满意度的影响

变量	（1）	（2）	（3）
被解释变量	satiskind	satistime	satisamount
GFac	0.073 * (1.71)	0.169 *** (3.51)	0.169 *** (3.61)
Sex	−0.007 (−0.10)	−0.112 (−1.46)	−0.019 (−0.26)
Age	0.078 (1.56)	0.066 (1.18)	0.019 (0.35)
Education	−0.044 (−0.88)	−0.138 ** (−2.47)	−0.137 ** (−2.52)
Awareness	−0.054 (−0.62)	−0.078 (−0.79)	−0.007 (−0.08)
Treenumber	0.020 (0.63)	0.004 (0.12)	0.014 (0.42)
TreeTime	0.019 (0.73)	−0.039 (−1.36)	−0.024 (−0.87)
Participation	0.242 *** (5.17)	0.180 *** (3.43)	0.171 *** (3.35)
SocialNetwork	0.316 *** (7.30)	0.359 *** (7.38)	0.289 *** (6.12)

续表

变量	（1）	（2）	（3）
被解释变量	satiskind	satistime	satisamount
Walking	-0.024 （-0.23）	-0.018 （-0.15）	-0.097 （-0.86）
Tickets	-0.060 （-0.78）	0.063 （0.74）	-0.014 （-0.17）
Payment	0.206* （1.72）	-0.107 （-0.79）	-0.046 （-0.35）
Fee	-0.031 （-0.43）	0.010 （0.12）	-0.007 （-0.10）
Invoice	-0.097 （-0.83）	-0.208 （-1.58）	-0.128 （-1.01）
Appointment	0.144 （1.09）	0.449*** （3.03）	0.308** （2.13）
Other	0.097 （1.46）	0.052 （0.70）	0.133* （1.85）
Walking	1.169*** （3.05）	1.765*** （4.10）	1.934*** （4.63）
样本量	468	468	468
R^2	0.352	0.354	0.306
调整的 R^2	0.33	0.33	0.28

注：***、**和*分别表示在1%、5%和10%的水平上显著。

第三节　绿色金融产品参与意愿及其影响因素

一、研究设计与基准回归

绿色金融素养对绿色金融消费有正面促进作用，接下来要进一步考察绿色金融素养与绿色信贷产品参与意愿的关系。即绿色金融素养的提高，是否有助于提升对传统的银行绿色信贷产品的参与意愿？

近期的研究表明，金融素养与信贷决策有显著影响。比如向晖、郭珍珍

（2019）研究发现消费者金融素养与网贷消费行为显著正相关。吴卫星等（2019）发现金融素养高的居民家庭更可能通过正规渠道借贷持有负债。

还有学者关注消费偏向、环境因素等于参与意愿的关系。张琰飞等（2013）基于问卷调研的经验研究发现，低碳旅游环境对旅游者的低碳参与意愿具有显著的正向影响，但对低碳消费习惯不具有显著的影响。刘艳萍（2010）认为我国公民参与生态消费的深度不足，而且从具体方式来看，表达型参与多于决策型参与。根据已有文献，提出如下研究假设：

假设1：绿色金融素养对绿色金融产品参与意愿有正向影响。

根据假设1，考察消费者的绿色金融素养对绿色金融产品满意度的影响，则构建如下基准计量模型：

$$GFWillingness_i = \beta_0 + \beta_1 GFLiteracy_i + \lambda_i X_i + \varepsilon_i \qquad (4-5)$$

其中，$GFWillingness_i$ 是消费者尝试绿色金融产品的意愿，$GFLiteracy_i$ 是绿色金融素养，$\lambda_i X_i$ 是控制变量，ε_i 是随机项。如果引入社交因素，同时考察参与度和社交网络的对绿色金融产品参与意愿的影响，则构建如下计量模型：

$$GFWillingness_i = \beta_0 + \beta_1 GFLiteracy_i + \beta_2 Participation_i + \\ \beta_3 SocialNetwork_i + \lambda_i X_i + \varepsilon_i \qquad (4-6)$$

其中 $GFLiteracy$ 是绿色金融素养，$SocialNetwork$ 是社交网络。如果考察具体某一种绿色金融产品的素养对参与意愿的影响，则估计如下方程：

$$GFWillingness_i = \beta_0 + \beta_1 GFLiteracyProduct_{i,j} + \lambda_i X_i + \varepsilon_i \qquad (4-7)$$

其中，$Satisfaction_i$ 是消费者绿色金融的满意度，$GFLiteracyProduct_{i,j}$ 是不同绿色金融产品的了解程度，$\lambda_i X_i$ 是控制变量，ε_i 是随机项。

如果进一步考察，绿色金融素养影响绿色金融产品参与意愿的内在机制，则估计如下方程：

$$GFWillingness_i = \beta_0 + \beta_1 GFLiteracy_i + \beta_j GFLiteracy_i \cdot M_j + \lambda_i X_i + \varepsilon_i \qquad (4-8)$$

其中，$GFWillingness_i$ 是消费者尝试绿色金融产品的意愿，$GFLiteracy_i$ 是绿色金融素养，M_j 是绿色金融素养影响绿色金融产品的参与意愿，$\lambda_i X_i$ 是控制变量，ε_i 是随机项。

变量说明和数据描述性统计如表4-17和表4-18所示。

表 4 – 17 变量说明

变量	变量含义	统计说明
Willingness	参与绿色信贷意愿	非常愿意 = 5，愿意 = 4，一般 = 3，不愿意 = 2，非常不愿意 = 1
Prospect	绿色金融发展前景广阔	非常同意 = 5，同意 = 4，一般 = 3，不同意 = 2，非常不同意 = 1
Policy	绿色金融主要依靠政策推动	非常同意 = 5，同意 = 4，一般 = 3，不同意 = 2，非常不同意 = 1

表 4 – 18 描述性统计

变量	样本量	均值	标准差	最小值	中位数	最大值
Willingness	468	3.6581	0.779	1	4	5
Prospect	468	3.8013	0.684	2	4	5
Policy	468	3.5406	0.777	1	4	5

表 4 – 19 第（1）（3）列采用 OLS 回归方法，第（2）（4）列采用有序逻辑回归（Ordered logistic regression）方法，结果显示绿色金融素养系数的大小有差异，但是系数的方向和显著性水平比较一致。结果表明，绿色金融素养与传统绿色银行信贷产品使用意愿均在 1% 水平上显著正相关。

与前文的结果比较表明，不论是采用 OLS 方法还是有序逻辑回归，绿色金融产品的参与度、社交网络关联与银行绿色信贷参与意愿均在 1% 水平上显著正相关。同时，性别、学历的差异对于满意度并没有统计上的显著关系。考虑了社交关联因素之后，消费者年龄与参与意愿在 10% 水平上显著正相关。这可能表明，绿色金融素养对于传统银行信贷产品的使用意愿存在正向外部性的溢出效应。

表 4 – 19 绿色金融素养对参与意愿的影响

变量	（1）	（2）	（3）	（4）
估计方法	OLS	Ologit	OLS	Ologit
GFac	0.181 ***	0.549 ***	0.147 ***	0.451 ***
	(3.89)	(4.27)	(3.08)	(3.41)
Sex	0.045	0.032	0.036	0.021
	(0.60)	(0.16)	(0.47)	(0.11)

续表

变量	（1）	（2）	（3）	（4）
估计方法	OLS	Ologit	OLS	Ologit
Age	0.085	0.225	0.101 *	0.266 *
	(1.53)	(1.56)	(1.82)	(1.82)
Education	0.035	0.084	0.026	0.066
	(0.62)	(0.57)	(0.47)	(0.45)
Awareness	−0.071	−0.177	−0.058	−0.155
	(−0.83)	(−0.77)	(−0.68)	(−0.68)
Treenumber	0.007	0.032	0.007	0.038
	(0.21)	(0.34)	(0.20)	(0.41)
TreeTime	0.017	0.039	0.015	0.033
	(0.59)	(0.53)	(0.53)	(0.44)
Participation	0.269 ***	0.752 ***	0.186 ***	0.505 ***
	(6.15)	(6.09)	(3.58)	(3.60)
SocialNetwork			0.140 ***	0.447 ***
			(2.90)	(3.39)
常数项	1.701 ***		1.573 ***	
	(3.98)		(3.69)	
样本量	468	468	468	468
R^2	0.136		0.152	
调整的 R^2	0.12		0.13	
Log *likelihood*		−505.163		−499.432
Prob		0.000		0.000

注：*** 、* 分别表示在 1% 、10% 的水平上显著。

二、绿色金融产品素养对参与意愿的影响

分项看，对绿色信贷、绿色债券、绿色基金、绿色保险以及其他绿色金融产品的了解并不能增加基于银行绿色信贷的参与意愿，均在 10% 水平上不显著。这再次说明，传统绿色金融产品与基于消费的绿色金融产品之间可能无关，甚至存在一定的替代效应。而年龄则与绿色信贷参与意愿在 5% 水平上显著正相关。绿色能量参与度与社交关联与绿色信贷参与意愿在 1% 水平上显

著正相关，这与满意度的情形相类似，如表 4 - 20 所示。这样的结果表明，相对于传统的面向企业和政府的绿色金融产品而言，基于消费者的绿色金融产品目前仍然是一片蓝海，发展潜力巨大。

同时，对具体绿色金融产品的了解，不等同于对绿色金融整体的了解，因为后者还包括了行为习惯、价值认同等社会和人文属性。因此，这启发我们在开展消费者和投资者教育过程中，需要把具体的绿色金融产品和绿色金融理念结合起来，更加系统和完整地提升消费者绿色金融素养。

表 4 - 20　　　　　　　　绿色金融产品素养对参与意愿的影响

变量	（1）	（2）	（3）	（4）	（5）
GFloan	0.028 （0.39）				
GFdelt		0.102 （1.40）			
GFfund			0.035 （0.50）		
GFinsurance				0.035 （0.49）	
GFother					0.036 （0.51）
Sex	0.011 （0.15）	0.018 （0.24）	0.009 （0.12）	0.010 （0.13）	0.017 （0.23）
Age	0.114** （2.03）	0.112** （2.00）	0.115** （2.06）	0.115** （2.05）	0.114** （2.04）
Education	0.009 （0.16）	0.008 （0.14）	0.008 （0.14）	0.008 （0.14）	0.009 （0.15）
Awareness	-0.080 （-0.93）	-0.083 （-0.96）	-0.082 （-0.95）	-0.084 （-0.97）	-0.083 （-0.96）
Treenumber	0.001 （0.02）	-0.002 （-0.06）	0.002 （0.05）	0.002 （0.07）	0.001 （0.02）
TreeTime	0.002 （0.08）	0.000 （0.01）	0.003 （0.11）	0.004 （0.13）	0.001 （0.04）

续表

变量	（1）	（2）	（3）	（4）	（5）
Participation	0.196 ***	0.197 ***	0.195 ***	0.193 ***	0.194 ***
	(3.72)	(3.77)	(3.71)	(3.67)	(3.70)
SocialNetwork	0.174 ***	0.168 ***	0.174 ***	0.174 ***	0.176 ***
	(3.69)	(3.55)	(3.67)	(3.68)	(3.74)
常数项	2.004 ***	2.019 ***	2.004 ***	2.013 ***	1.995 ***
	(4.92)	(4.97)	(4.92)	(4.94)	(4.90)
样本量	468	468	468	468	468
R^2	0.134	0.138	0.134	0.134	0.134
调整的 R^2	0.12	0.12	0.12	0.12	0.12

注：***、**、*分别表示在1%、5%和10%的水平上显著。

三、绿色金融素养对客户参与意愿的影响机制

金融素养如何影响客户参与绿色金融产品的服务呢？首先，对于不同类型的金融产品，参与意愿存在异质性。比如周衍鲁、周挺辉（2018）发现银行类和互联网金融类，存在运作模式上的显著差异。金融科技公司作为互联网类消费金融机构，与传统的银行、消费金融公司不同，它们把移动支付作为生活消费场景的切入接口，广泛渗透，以线上线下相结合为显著特征，开展场景化运营模式。如果从这个角度加以推广，从客户参与意愿角度来看，传统绿色金融和互联网绿色金融产品参与意愿可能也存在差异。

其次，从信心角度来看参与的意愿，如果对某种产品的前景更加看好，则参与度可能会越高。公民"独善其身"、参与生态消费的同时，还应有途径参与到具体的社会治理中（刘艳萍，2010）。因此把对绿色金融发展前景的看法作为代理变量。由于调研分析中发现，前景的乐观程度与对政策推动的认可程度存在一定的关联性，因此把政策推动的认可作为另一条可能的影响机制加以检验。

表 4 – 21   绿色金融素养对客户参与意愿的影响机制

变量	（1）	（2）	（3）	（4）
GFac	0.073 *	0.085 **	0.094 *	0.079 **
	（1.83）	（2.16）	（1.90）	（2.10）
Prospect	0.300 ***	− 0.091		
	（5.67）	（− 0.56）		
GFac · Prospect		0.133 **		
		（2.55）		
Policy			0.167 ***	− 0.199
			（3.59）	（− 1.40）
GFac · Policy				0.120 ***
				（2.72）
Sex	− 0.000	0.020	0.039	0.048
	（− 0.01）	（0.28）	（0.53）	（0.65）
Age	0.117 **	0.119 **	0.099 *	0.098 *
	（2.17）	（2.23）	（1.81）	（1.81）
Education	0.019	0.016	0.011	0.021
	（0.35）	（0.30）	（0.20）	（0.39）
Awareness	− 0.051	− 0.040	− 0.045	− 0.035
	（− 0.62）	（− 0.48）	（− 0.53）	（− 0.42）
Treenumber	0.014	0.013	0.011	0.013
	（0.41）	（0.37）	（0.32）	（0.39）
TreeTime	0.015	0.011	0.015	0.013
	（0.53）	（0.42）	（0.54）	（0.45）
Participation	0.146 ***	0.144 ***	0.175 ***	0.187 ***
	（2.88）	（2.86）	（3.40）	（3.65）
SocialNetwork	0.107 **	0.106 **	0.123 **	0.105 **
	（2.27）	（2.28）	（2.57）	（2.20）
常数项	0.918 **	2.487 ***	1.246 ***	2.602 ***
	（2.14）	（3.32）	（2.89）	（3.97）
样本量	468	468	468	468
R^2	0.207	0.218	0.175	0.188
调整的 R^2	0.19	0.20	0.16	0.17

注：*** 、** 和 * 分别表示在 1%、5% 和 10% 的水平上显著。

表4-21第（1）列表明，对绿色金融发展前景越乐观，那么参与绿色信贷的意愿就越强烈，在1%水平下显著。第（3）列表明，绿色金融发展主要依赖政策推动的认同程度与参与绿色信贷的意愿也在1%水平下显著正相关。第（2）（4）列，用绿色金融素养和发展前景、政策推动进行交乘，系数均在1%水平下与绿色信贷参与意愿显著正相关。

从结果来看，"蚂蚁森林"的成功不是偶然的，有一些经验值得深思，归纳起来包括如下。

第一，从居民角度推广绿色普惠金融的方式和理念值得赞赏。传统上金融创新的主体或者服务对象主要针对企业、金融机构、政府，但"蚂蚁森林"独辟蹊径，从居民的角度切入，并取得较大的影响力，是一项不错的探索和创新。

第二，从提升用户体验为中心的角度切入，能够迅速扩散。重视用户体验，关注用户行为特征，这恰恰是互联网公司的专长。"蚂蚁森林"之所以在较短时间内取得很好的成效，对客户行为和心理的较好把握，利用大数据技术不断改进用户体验，发挥了重要的作用。

第三，正向的外溢效应（正外部性）可能是绿色普惠金融的"意外惊喜"。从调研的结果来看，"蚂蚁森林"的外部影响力不容小觑，的确对于进一步普及绿色理念、培养绿色消费和行为习惯、承担绿色社会责任发挥了积极的作用。

因此，要进一步推动绿色普惠金融发展，可以从以下几个方面着力：

一是加强政府对于发展绿色普惠金融的正面引导。由于"蚂蚁森林"为典型代表的绿色普惠金融具有较强的正外部性，如果完全依赖于市场，可能会遇到供给不足的问题。因此，在一定条件下，一定范围内政府需要营造良好的氛围积极改善金融生态，为绿色普惠金融事业的发展发挥积极的作用。

二是鼓励更多的金融机构投入到绿色普惠金融事业中来。短期来看，绿色普惠金融直接获得较高经济收益的难度较大，但是专业的事还是要鼓励专业的机构来做。尤其是对金融风险的测度和管理，是金融机构的核心竞争力，这也是让绿色普惠金融可持续发展的重要保障。

三是引导更多类型的互联网公司参与绿色普惠金融的发展。无论是对客户行为和心理的把握上，还是有针对性地改进客户体验方面，互联网企业均有丰富的经验。因此，通过政策，鼓励有经验的互联网企业参与绿色普惠金融的大发展将大有助益。

本章小结

从消费者角度研究绿色金融发展是一个较新的视角。消费者行为十分复杂，既受到价格因素的影响，也会受到非价格因素的影响。而非价格的因素，比如典型的消费者偏好，对商品的评价（满意度）和尝试意愿，既受到个体行为的影响（比如参与度、参与方式等），也会受到对产品本身的了解程度（具体而言，即绿色金融素养）的影响，还会受到群体因素的影响（比如社交网络、文化理念等）。

本章基于调研数据的基本事实和经验研究结果表明，较高的参与度与丰富的参与方式（场景）与绿色金融满意度正相关。整体的绿色金融素养与满意度正相关，但对具体绿色金融产品的了解与满意度之间的关联不显著。与之相类似，整体的绿色金融素养与绿色金融产品尝试意愿正相关，但对具体绿色金融产品的了解与绿色金融产品尝试意愿之间的关联不显著。

本章的研究表明，要提高消费者对绿色金融发展的满意度和参与意愿，这是一个复杂的过程，至少需要从绿色金融产品设计、绿色金融服务方式创新、绿色金融产品普及教育、绿色发展理念的推广等角度加以展开。

第五章　区域绿色金融改革实践

第一节　我国区域绿色金融发展及其影响因素

一、引言

当前我国区域绿色金融发展方兴未艾，发展速度较快。从区域来看，各地区绿色金融发展水平也存在着较大的差异。根据《地方绿色金融发展指数与评估报告（2019）》的数据，2019 年度评价周期内，广东和浙江位列绿色金融发展水平总分前 2 位，其次是四川、北京、江苏、江西、福建、新疆、贵州、重庆和河北，列第 3～11 位。以上 11 个省市区属于区域绿色金融发展的第一梯队。

安徽、湖北、湖南、山东、内蒙古、上海、甘肃、山西、青海和河南等 10 个省市区列第 12～21 位，属于第二梯队。其余 10 个省市区即海南、天津、广西、陕西、宁夏、云南、黑龙江、辽宁、吉林和西藏属于第三梯队，如图 5－1 所示。

那么，影响区域绿色金融发展的主要因素有哪些呢？从已有文献来看，主要包括三个方面。一是区域经济发展水平和经济结构。罗永宣（2020）对资源型城市如何有效地推动绿色金融发展进行了探索，孙梦熊（2019）以甘肃省平凉市为例，总结了绿色金融支持产业发展的经验。朱建华等（2019）通过贵州市级的面板数据，研究了绿色金融与循环经济耦合协调发展的特征和趋势。

二是区域金融发展水平。比如，毛彦军、徐文成（2019）基于金融供给

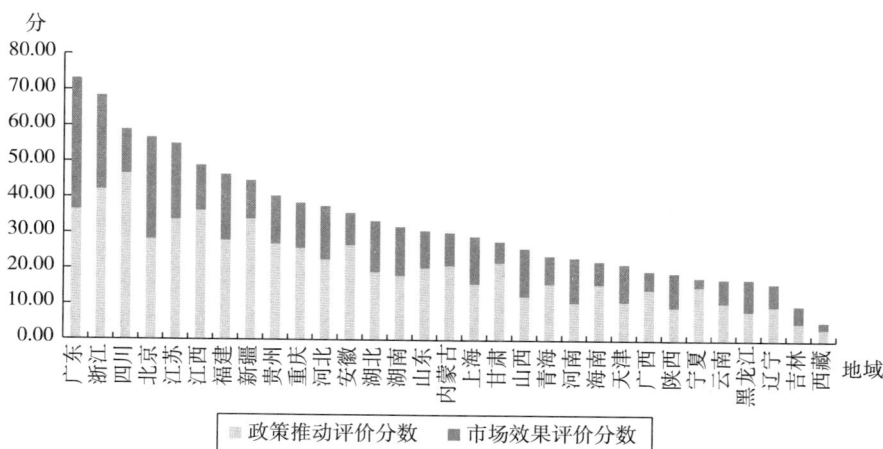

图 5-1 我国区域绿色金融发展现状

（数据来源：王遥、马庆华：《地方绿色金融发展指数与评估报告（2019）》）

侧结构性改革的视角，结合绿色金融改革创新试验区实践，分析了当前中国绿色金融体系建设现状，指出我国绿色金融发展存在标准不统一、信息披露不完善、服务体系滞后以及社会资本参与度不足等问题。邵传林、闫永生（2020）使用双重差分模型检验绿色信贷对商业银行风险承担的影响，结果表明绿色信贷对股份制银行、城市商业银行和农村商业银行的影响存在异质性。短期来看，开展绿色信贷业务会增加破产概率，动态来看，上市银行开展绿色信贷对其风险承担的影响比非上市银行更大。

三是相关政策推动，包括国家层面的政策和区域层面的政策。国家层面的政策对区域绿色金融发展的影响主要体现在是否进入绿色金融创新试点。颜文聪、吴伟军（2020）发现当区域绿色金融发展前存在激励机制和约束机制不健全、绿色金融标准化体系不完善、绿色金融信息披露不充分等方面的问题。

还有学者探讨了这些因素之间的相关关系，比如，方建国、林凡力（2019）认为，经济发展观念、增长方式、国家政策扶持力度等因素会影响区域绿色金融发展；经济增长、产业结构调整和能耗结构优化有利于缩小区域间绿色金融发展差异。中国人民银行贵阳中心支行青年课题组（2020）的研究表明，从全国来看，地方专门政策和金融发展水平是推动我国各地绿色金融发展的主要影响因素，但金融发展水平的影响有赖于地方政策的实施。从区域看，西部地区则更有赖于地方政策主导的、自上而下的支持，东部地区则是由金融发展水平主导的、自下而上的绿色金融创新。王静（2019）认为，政府制定的国家绿色金融发展路线、金融机构风险管理和履行社会责任的需要、企业寻求降低融资成本以及公众观念的转变推动我国绿色金融的发展是驱动绿色金融发展的四个关键方面。谢婷婷等（2019）通过对绿色金融改革创新试验区绿色金融效率进行静态及动态评价，进而分析其影响因素，结果表明经济发展水平有助于绿色金融效率的提升，而金融化程度则抑制绿色金融效率提升。

综上，已有研究多从区域经济金融发展状况、政策推动等角度来解释区域绿色金融发展水平。根据金融发展理论和金融结构理论，我们认为，区域的经济发展水平、经济结构、金融发展水平等因素，会影响区域绿色金融发展水平。

二、研究设计

根据已有研究和一般理论分析来看，区域经济发展水平、金融发展水平、财政收入状况、资源丰富程度等可能是影响区域绿色金融发展的重要因素。从这些变量与绿色区域金融发展总体评分的散点图来看，区域绿色金融发展总分与当地的经济发展水平（人均 GDP）、金融发展水平（金融业增加值占GDP 比例）和财政收入（一般财政收入）正相关，而与当地的资源丰富程度（资源税占财政收入比重）、财政强度（一般财政收入占 GDP 比例）以及税收强度（税收占财政收入比重）相关度不大，如图 5 - 2 所示。

从政策推动得分的影响因素来看，区域绿色金融发展总分与当地的经济发展水平（人均 GDP）、金融发展水平（金融业增加值占 GDP 比例）和财政收入（一般财政收入）正相关，但与整体得分相比，散点图显示更加分散，表明相关性可能较小。而与当地的资源丰富程度（资源税占财政收入比重）、财政强度（一般财政收入占 GDP 比例）以及税收强度（税收占财政收入比重）相关度不大，如图 5 - 3 所示。

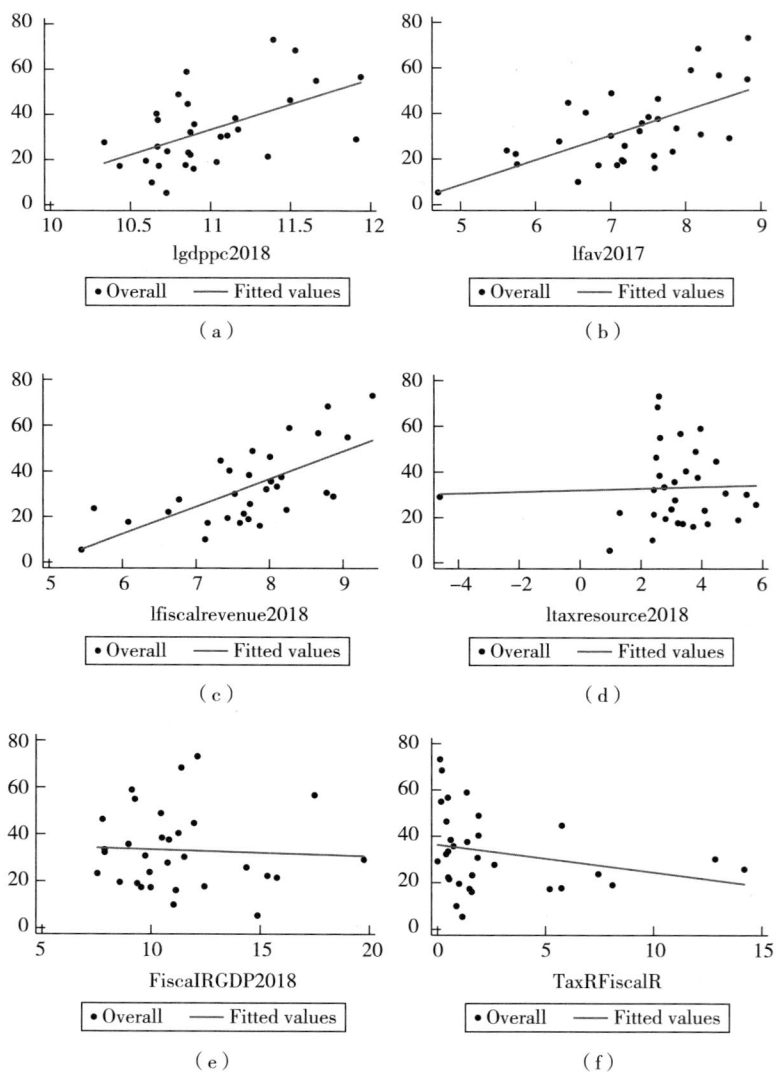

图 5－2　绿色金融总分相关性散点图

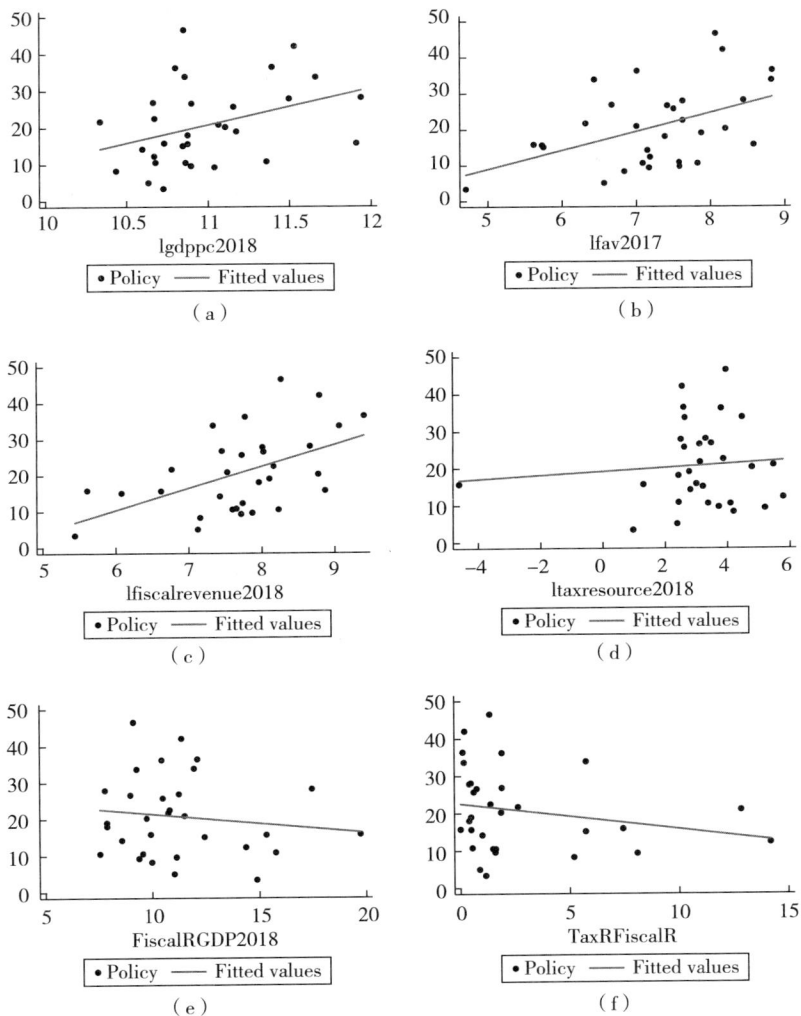

图 5－3　绿色金融政策推动评分相关性散点图

从市场效果得分的影响因素来看，区域绿色金融发展总分与当地的经济发展水平（人均 GDP）、金融发展水平（金融业增加值占 GDP 比例）和财政收入（一般财政收入）正相关，但与整体得分相比，散点图显示更加紧凑，表明相关性较大。而与当地的资源丰富程度（资源税占财政收入比重）、财政强度（一般财政收入占 GDP 比例）以及税收强度（税收占财政收入比重）相关度不大，如图 5－4 所示。

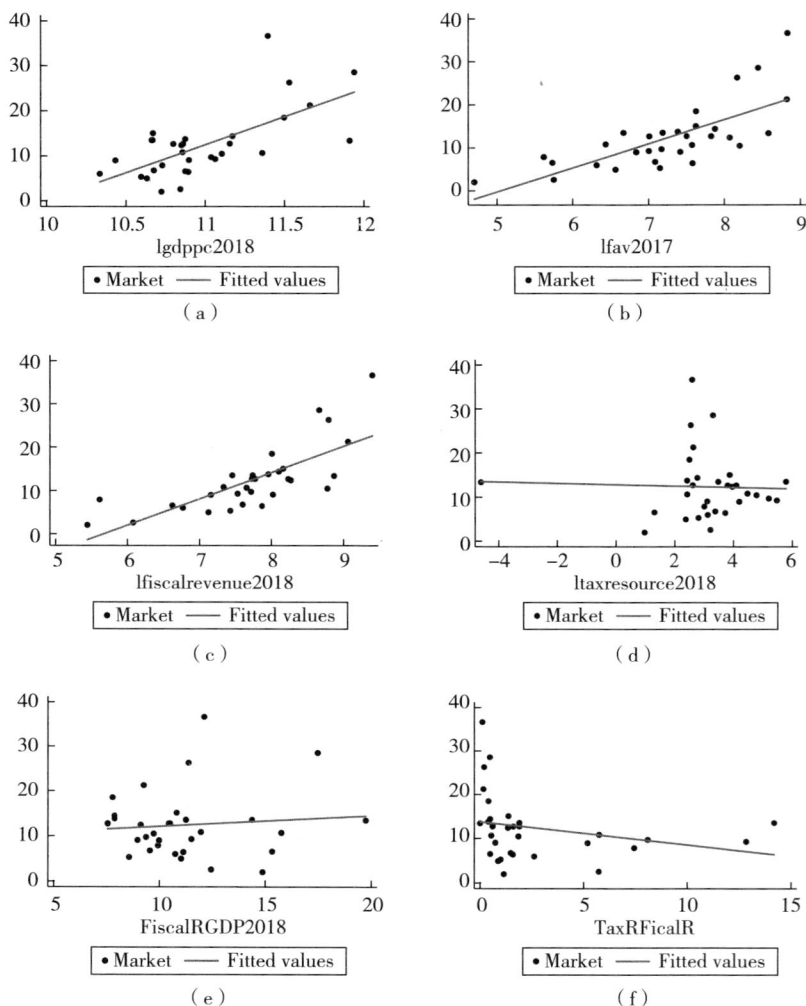

图 5-4　绿色金融市场效果评分相关性散点图

由此，根据已有文献和基本经验事实，我们提出以下假设：

假设 1：区域经济金融发展水平对区域绿色金融发展有正向影响。

假设 1a：区域经济发展水平对区域绿色金融发展有正向影响。

假设 1b：区域金融发展水平对区域绿色金融发展有正向影响。

假设 1c：区域经济财政收入水平对区域绿色金融发展有正向影响。

假设 1d：区域资源丰富程度水平对区域绿色金融发展有正向影响。

为此，我们估计以下方程：

$$OverallScore_i = \beta_0 + \lambda_i X_i + \varepsilon_i \qquad (5-1)$$

其中，$OverallScore_i$ 是绿色金融发展的整体评分，$\lambda_i X_i$ 是影响区域绿色金融发展的经济金融因素，ε_i 是随机项。

如果进一步分别检验政策推动评分（$PolicyScore_i$）和市场效果评分（$MarketScore_i$）的影响因素，则估计如下方程：

$$PolicyScore_i = \beta_0 + \lambda_i X_i + \varepsilon_i \qquad (5-2)$$

$$MarketScore_i = \beta_0 + \lambda_i X_i + \varepsilon_i \qquad (5-3)$$

类似地，如果考察绿色金融改革以及政策导向程度对区域绿色金融排名的影响，则估计如下方程：

$$OverallRank_i = \beta_0 + \lambda_i X_i + \varepsilon_i \qquad (5-4)$$

$$PolicyRank_i = \beta_0 + \lambda_i X_i + \varepsilon_i \qquad (5-5)$$

$$MarketRank_i = \beta_0 + \lambda_i X_i + \varepsilon_i \qquad (5-6)$$

其中，$OverallRank_i$ 是区域绿色金融发展总体排名，$PolicyRank_i$ 和 $MarketRank_i$ 分别是政策推动排名和市场效果排名。

三、经验研究

本部分被解释变量是区域绿色金融整体评价，包括总体评分（$OverallScore$）和分项评分，后者又可具体分为政策推动评价（$PolicyScore$）和市场效果评价（$MarketScore$）。在稳健性检验中，被解释变量为总体评分排名（$OverallRank$）、政策推动评价排名（$PolicyRank$）和市场效果评价排名（$MarketRank$）。

解释变量是区域绿色金融发展的影响因素，包括人均 GDP（Gdppc）、金融业增加值（Fav）、一般财政收入（Fiscalrevenue）、地方财政资源税（Taxresource）、一般财政收入占 GDP 比重（Fiscalrgdp）和资源税占一般财政收入比重（Taxrfiscalr）等。变量之间的相关系数如表 5-1 所示。

表 5 - 1   相关系数

指标	说明	*OverallScore*	*PolicyScore*	*MarketScore*
OverallScore	绿色金融总体评分	1		
PolicyScore	政策推动评价	0.963 *	1	
MarketScore	市场效果评价	0.815 *	0.646 *	1
Gdppc	对数人均 GDP	0.493 *	0.390 *	0.591 *
Fav	对数金融业增加值	0.566 *	0.416 *	0.734 *
Fiscalrevenue	对数一般财政收入	0.654 *	0.511 *	0.778 *
Taxresource	对数地方财政资源税	0.025	0.035	− 0.016
Fiscalrgdp	一般财政收入占 GDP 比重	− 0.082	− 0.050	− 0.055
Taxrfiscalr	资源税占一般财政收入比重	− 0.381 *	− 0.292	− 0.477 *

注：* 表示在 5% 水平上显著。

表 5 - 2 第（1）列回归结果表明，区域经济发展水平与绿色金融总体评分在 5% 水平上显著正相关，资源税金额与绿色金融总体评分在 10% 水平上显著正相关。第（2）列回归结果表明，区域经济发展水平与绿色金融政策推动评分正相关，但在 10% 水平上不显著，而资源税金额与绿色金融政策推动评分依然在 10% 水平上显著正相关。

第（3）列回归结果表明，区域经济发展水平与绿色金融市场效果评分在 1% 水平上正相关，而资源税金额与绿色金融市场效果评分在 10% 水平上不相关。这样的结果初步表明，经济发展水平较高的地区，市场推动绿色金融发展的效果可能更好，而政策推动则与当地的资源税收总额相关，可能表明对于资源比较丰富的省份，政府更有动力通过出台相关政策来推动绿色金融发展。这与此前分析，中西部省份更倾向于政策导向型绿色金融发展，而经济较发达省份则有更大概率倾向于市场导向的绿色金融发展相互印证。

表 5 - 2   绿色金融发展得分影响因素基准回归分析

变量	（1）	（2）	（3）
被解释变量	*OverallScore*	*PolicyScore*	*MarketScore*
Gdppc	19.367 **	10.655	8.720 ***
	(2.29)	(1.50)	(3.17)
Fav	− 13.278	− 10.447	− 2.784
	(− 1.10)	(− 1.04)	(− 0.72)

续表

变量	（1）	（2）	（3）
被解释变量	*OverallScore*	*PolicyScore*	*MarketScore*
Fiscalrevenue	19.619	13.210	6.356
	(1.54)	(1.41)	(1.26)
Taxresource	2.632*	1.515*	1.133
	(1.96)	(1.94)	(1.47)
Fiscalrgdp	−0.412	−0.580	0.179
	(−0.49)	(−0.98)	(0.50)
Taxrfiscalr	−0.748	−0.509	−0.241
	(−1.12)	(−1.08)	(−0.77)
常数项	−236.171***	−119.213*	−117.156***
	(−3.02)	(−1.81)	(−4.79)
样本量	31	31	31
R^2	0.545	0.359	0.660
调整的 R^2	0.43	0.20	0.58

注：***、**、*分别表示在1%、5%、10%的水平上显著。

用排名进行稳健性检验，结果表明，区域经济发展水平与绿色金融总体排名正相关，如表5-3第（1）（3）列所示，而政策推动排名不相关，这与绿色金融得分回归结果保持稳健。资源税金额与政策推动排名正相关（10%水平下显著），财政收入与市场效果排名正相关（10%水平下显著）。

表 5 - 3　　　　　　绿色金融发展排名影响因素基准回归分析

变量	（1）	（2）	（3）
被解释变量	*OverallRank*	*PolicyRank*	*MarketRank*
Gdppc	11.096**	10.242	9.811**
	(2.18)	(1.70)	(2.15)
Fav	−8.727	−9.371	−4.018
	(−1.28)	(−1.20)	(−0.93)
Fiscalrevenue	11.731	11.154	9.027*
	(1.70)	(1.47)	(1.90)
Taxresource	1.089	1.201*	0.455
	(1.61)	(1.88)	(0.62)

续表

变量	（1）	（2）	（3）
被解释变量	*OverallRank*	*PolicyRank*	*MarketRank*
Fiscalrgdp	− 0.482	− 0.458	− 0.295
	（− 1.00）	（− 0.86）	（− 0.59）
Taxrfiscalr	− 0.266	− 0.391	0.148
	（− 0.68）	（− 0.89）	（0.32）
常数项	− 130.325 **	− 112.102 *	− 130.747 ***
	（− 2.78）	（− 2.00）	（− 3.37）
样本量	31	31	31
R²	0.501	0.353	0.641
调整的 R²	0.38	0.19	0.55

注：***、**、* 分别表示在 1%、5%、10% 的水平上显著。

第二节 我国绿色金融改革试点

一、引言

2017 年 6 月 14 日，国务院第 176 次常务会议审议通过了浙江省、广东省、新疆维吾尔自治区、贵州省、江西省等五省（区）绿色金融改革创新试验区总体方案，决定在五省（区）部分地方设立绿色金融改革创新试验区。自 2017 年 6 月国务院决定在全国五省八地设立绿色金融改革创新试验区（以下简称试验区）以来，我国绿色金融迈入"自上而下"的顶层设计和"自下而上"的区域探索相结合的发展新阶段。

两年以后，即 2019 年 7 月 26 日，绿色金融改革创新试验区第一次联席会在浙江湖州召开。会上，通报了绿色金融改革创新试验区联席会议、自评价、经验复制推广工作机制，讨论了《绿色金融改革创新试验区自评价报告》和《绿色金融改革创新经验复制推广方案》两个征求意见稿，交流了有关工作。

那么，试验区绿色金融改革是否取得了显著的成效呢？近期有不少学者从多个角度和层面进行了探讨。不少学者的研究成果肯定了绿色金融改革对区域绿色金融发展的积极作用。郭滕达（2018）认为，绿色金融发展最重要的"发动机"是政府的持续支持。但也有研究发现，一些区域特征因素可能对绿色金融发展产生抑制性影响。比如，谢婷婷等（2019）通过对绿色金融改革创新试验区绿色金融效率进行静态及动态评价，进而分析其影响因素，结果表明经济发展水平有助于绿色金融效率的提升，而金融化程度则抑制绿色金融效率提升。

二、研究设计

接下来，与前一节的研究框架一致，进一步考察是否纳入试验区对区域绿色金融发展的影响。图 5 - 5（a）显示，绿色金融改革试点省份的绿色金融总分在经济发展水平（人均 GDP）相类似的情况下得分较高，而类似的情况在金融发展水平（金融业增加值）、财政收入（一般财政收入）、财政强度（一般财政收入占 GDP 比例）以及税收强度（税收占财政收入比重）方面均比较显著，在区域资源丰富程度（资源税占财政收入比重）上也有所体现，如图 5 - 5 所示。

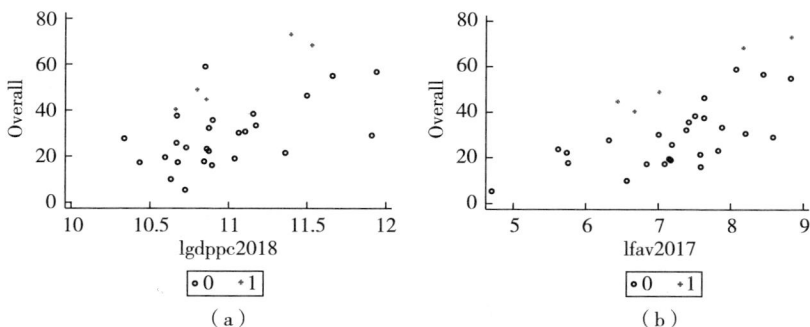

注：1 为进入首批绿色金融改革试点的地区样本，0 为未进入首批绿色金融试点地区样本。

图 5 - 5　绿色金融改革试点与绿色金融发展总分

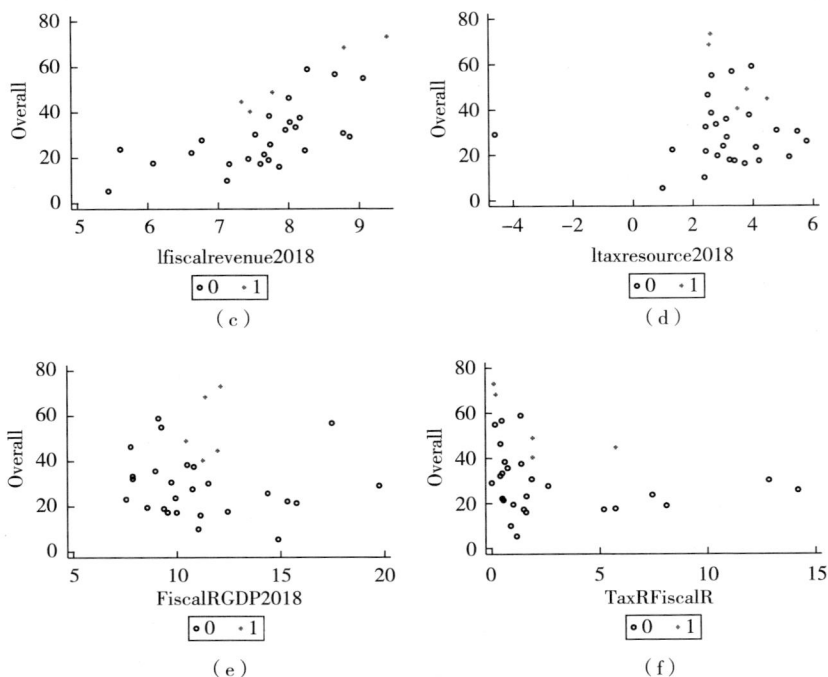

注：1为进入首批绿色金融改革试点的地区样本，0为未进入首批绿色金融试点地区样本。

图 5 - 5　绿色金融改革试点与绿色金融发展总分（续）

如果区分政策推动评分和市场效果评分的影响，图 5 - 6（a）显示，绿色金融改革试点省份的绿色金融政策推动评分在经济发展水平（人均 GDP）相类似的情况下得分较高，而类似的情况在金融发展水平（金融业增加值）、财政收入（一般财政收入）、区域资源丰富程度（资源税占财政收入比重）以及税收强度（税收占财政收入比重）方面均比较显著，在财政强度（一般财政收入占 GDP 比例）上也有所体现。

从市场效果评分来看，图 5 - 7（a）显示，绿色金融改革试点省份的绿色金融政策推动评分在经济发展水平（人均 GDP）相类似的情况下得分较高，而类似的情况在金融发展水平（金融业增加值）、财政收入（一般财政收入）以及财政强度（一般财政收入占 GDP 比例）方面均比较显著，在区域资源丰富程度（资源税占财政收入比重）和税收强度（税收占财政收入比重）上也有所体现。

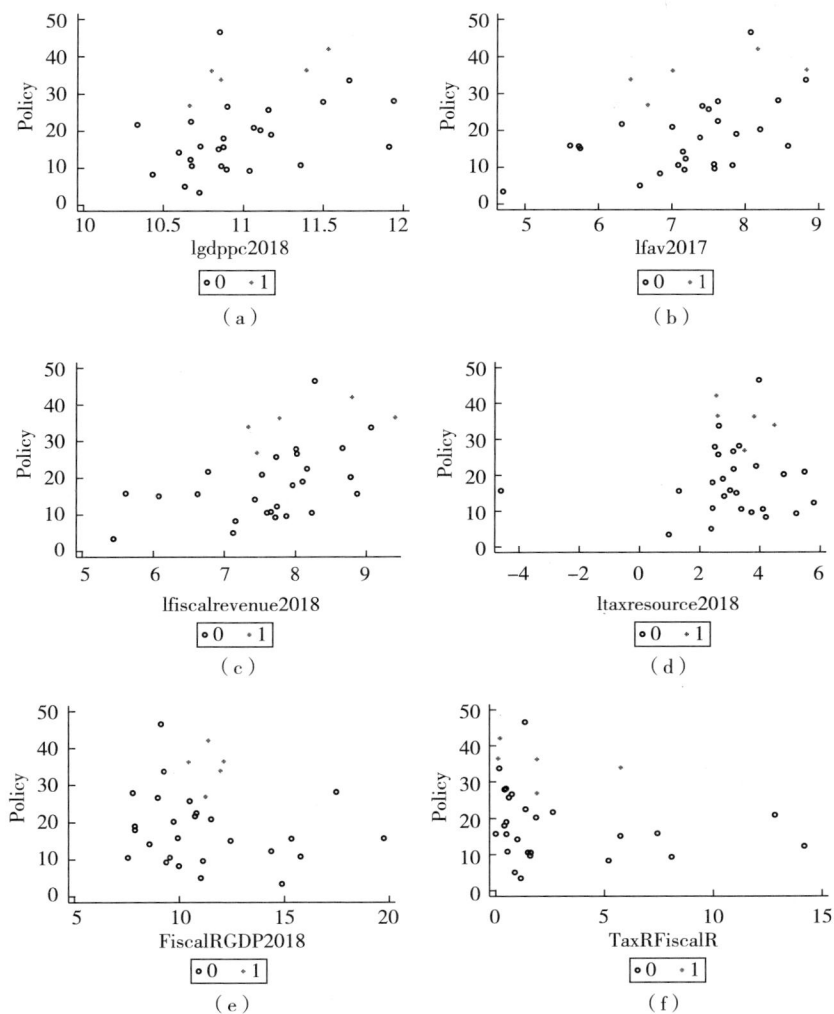

注：1 为进入首批绿色金融改革试点的地区样本，0 为未进入首批绿色金融试点地区样本。

图 5 - 6　绿色金融改革试点与绿色金融政策推动评分

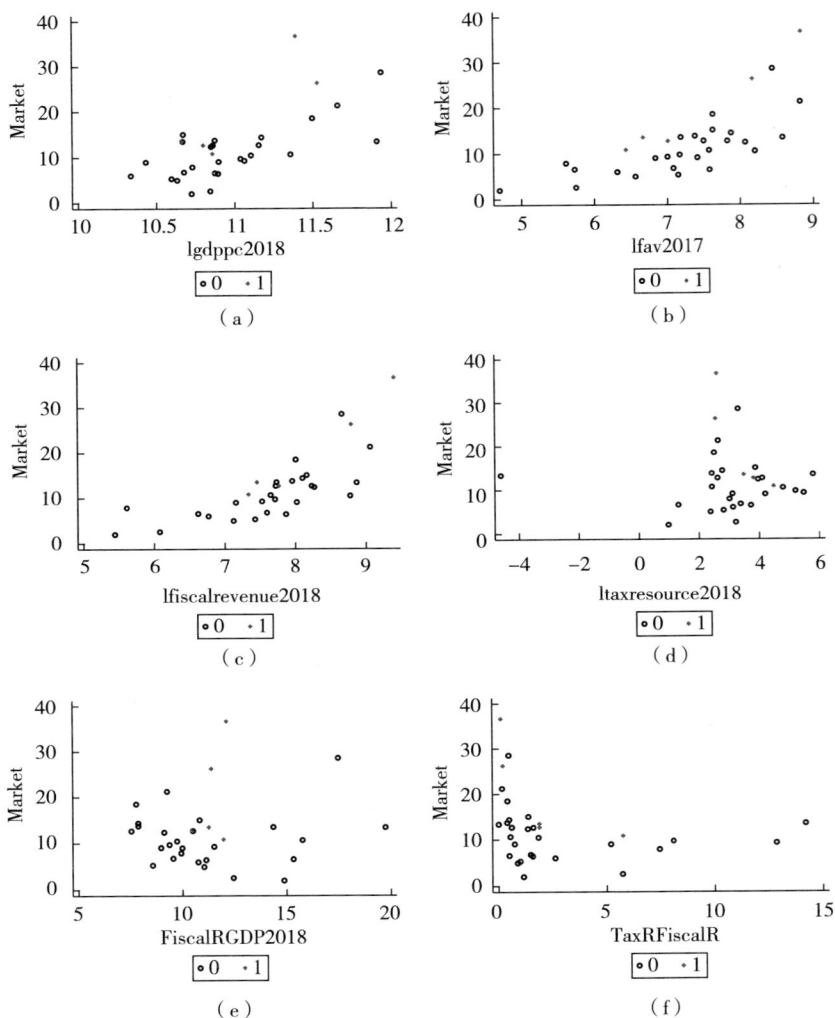

图（a）：横轴 lgdppc2018，纵轴 Market
图（b）：横轴 lfav2017，纵轴 Market
图（c）：横轴 lfiscalrevenue2018，纵轴 Market
图（d）：横轴 ltaxresource2018，纵轴 Market
图（e）：横轴 FiscalRGDP2018，纵轴 Market
图（f）：横轴 TaxRFiscalR，纵轴 Market

注：1 为进入首批绿色金融改革试点的地区样本，0 为未进入首批绿色金融试点地区样本。

图 5-7　绿色金融改革试点与绿色金融市场效果评分

根据已有文献和经验事实，提出如下研究假设：

假设 2：进入绿色金融改革试点对区域绿色金融发展有正向影响。

$$OverallScore_i = \beta_0 + \beta_1 Reform_i + \lambda_i X_i + \varepsilon_i \qquad (5-7)$$

其中，$OverallScore_i$ 是绿色金融发展的整体评分，$Reform_i$ 是是否属于绿色金融改革试点区域，$PolicyMarket_i$ 是政策导向程度的衡量。$\lambda_i X_i$ 是控制变量①，ε_i 是随机项。

如果检验政策推动评分（$PolicyScore_i$）和市场效果评分（$MarketScore_i$），则估计如下方程：

$$PolicyScore_i = \beta_0 + \beta_1 Reform_i + \lambda_i X_i + \varepsilon_i \qquad (5-8)$$

$$MarketScore_i = \beta_0 + \beta_1 Reform_i + \lambda_i X_i + \varepsilon_i \qquad (5-9)$$

类似地，如果从稳健性检验的角度，进一步考察绿色金融改革以及政策导向程度对区域绿色金融排名的影响，则需估计如下方程：

$$OverallRank_i = \beta_0 + \beta_1 Reform_i + \lambda_i X_i + \varepsilon_i \qquad (5-10)$$

$$PolicyRank_i = \beta_0 + \beta_1 Reform_i + \lambda_i X_i + \varepsilon_i \qquad (5-11)$$

$$MarketRank_i = \beta_0 + \beta_1 Reform_i + \lambda_i X_i + \varepsilon_i \qquad (5-12)$$

其中，$OverallRank_i$ 是区域绿色金融发展总体排名，$PolicyRank_i$ 和 $MarketRank_i$ 分别是政策推动排名和市场效果排名。

三、经验研究

首先对是否进入绿色金融改革试点省市区绿色金融总分、政策推动评分和市场效果评分的组间差异进行检验。结果表明，绿色金融改革试点地区的绿色金融总体评分比非试点地区高约 26.2 分（1% 水平下显著），政策推动评分高约 17.1 分（1% 水平下显著），市场效果评分约高 9.1 分（5% 水平下显著）。这表明，改革试点地区和非改革试点地区存在显著差异，如表 5-4 所示。但可惜的是，由于只有横截面数据，在此无法推断这种差异是改革造成的还是原来就存在。

---

① 即在第一节中影响区域绿色金融发展的主要经济金融因素，经济发展水平（人均 GDP）、金融发展水平（金融业增加值占 GDP 比例）、财政收入（一般财政收入）、地区的资源丰富程度（资源税占财政收入比重）、财政强度（一般财政收入占 GDP 比例）以及税收强度（税收占财政收入比重）等。

表 5 – 4　　　　　按是否进入绿色金融改革试点绿色金融评分均值差异

变量	非试点组	非试点组评分均值	试点组	试点组评分均值	组间差异
OverallScore	26	28.887	5	55.092	− 26.205 ***
PolicyScore	26	17.994	5	35.11	− 17.116 ***
MarketScore	26	10.873	5	19.986	− 9.113 **

注：***、** 分别表示在 1%、5% 的水平上显著。

从排名角度看，绿色金融改革试点地区的绿色金融总体排名比非试点地区高约 13.9 个名次（1% 水平下显著），政策推动评分排名高约 13.6 个名次（1% 水平下显著），市场效果评分约高 8.8 个名次（5% 水平下显著），如表 5 – 5 所示。这表明，改革试点地区和非改革试点地区在绿色金融发展排名上存在显著差异。

表 5 – 5　　　　按是否进入绿色金融改革试点绿色金融排名均值差异

变量	非试点组	非试点组排名均值	试点组	试点组排名均值	组间差异
OverallRank	26	13.923	5	26.8	− 12.877 ***
PolicyRank	26	13.808	5	27.4	− 13.592 ***
MarketRank	26	14.577	5	23.4	− 8.823 **

注：***、** 分别表示在 1%、5% 的水平上显著。

表 5 – 6 第（1）列回归结果表明，区域经济发展水平与绿色金融总体评分在 10% 水平上显著正相关，绿色金融改革试点省份绿色金融发展总分平均要比非试点省份高约 25 分，且在 1% 水平上显著。与基准回归相比，资源税金额与绿色金融总体评分正相关，但是在 10% 水平上不显著。第（2）列回归结果表明，绿色金融改革试点省份绿色金融政策推动评分平均要比非试点省份高约 17 分，且在 1% 水平上显著。与第（1）列相类似，资源税金额与绿色金融总体评分正相关，但在 10% 水平上不显著。第（3）列回归结果表明，绿色金融改革试点省份绿色金融市场效果评分平均要比非试点省份高约 8 分，且在 5% 水平上显著。与第（1）（2）列相类似，资源税金额与绿色金融总体评分正相关，但在 10% 水平上不显著。

总体来看，增加绿色金融改革虚拟变量以后，绿色金融改革试点省份的绿色金融总分、政策推动评分和市场效果评分均显著高于非试点省份，这与散点图显示的情形相互印证。从绿色金融改革虚拟变量系数大小和显著性水平来看，改革试点对政策推动评分的正向作用更大，但对市场效果评分的正向作用也比较显著。同时，经济发展水平与绿色金融总体评分和市场效果的正相关比较显著，但对于政策推动评分影响不显著。

表5-6 区域绿色金融改革与区域绿色金融发展

变量	（1）	（2）	（3）
被解释变量	OverallScore	PolicyScore	MarketScore
Gdppc	15.592 *	8.088	7.504 **
	(1.98)	(1.22)	(2.55)
Fav	9.701	5.177	4.616
	(0.82)	(0.53)	(1.04)
Fiscalrevenue	-4.625	-3.274	-1.452
	(-0.41)	(-0.38)	(-0.31)
Taxresource	1.832	0.971	0.875
	(1.29)	(1.33)	(1.03)
Fiscalrgdp	-0.501	-0.641	0.150
	(-0.56)	(-1.11)	(0.37)
Taxrfiscalr	-0.462	-0.314	-0.149
	(-0.74)	(-0.74)	(-0.47)
Reform	24.636 ***	16.751 ***	7.934 **
	(5.81)	(5.36)	(2.41)
常数项	-175.700 **	-78.095	-97.680 ***
	(-2.36)	(-1.26)	(-3.68)
样本量	31	31	31
R^2	0.737	0.565	0.760
调整后 R^2	0.66	0.43	0.69

注： *** 、 ** 和 * 分别表示在1%、5%和10%的水平上显著。

再以绿色金融发展地区排名进行稳健性检验，结果表明，经济发展水平与区域绿色金融总体排名正相关，进入改革试点的区域，总体排名、政策推动排名和市场效果排名均显著正相关，保持了良好的稳健性，如表5-7所示。

表 5 – 7   区域绿色金融改革与区域绿色金融发展排名

变量	（1）	（2）	（3）
被解释变量	*OverallRank*	*PolicyRank*	*MarketRank*
Gdppc	9.371 *	8.262	8.798 *
	(1.80)	(1.38)	(1.79)
Fav	1.774	2.681	2.142
	(0.26)	(0.35)	(0.43)
Fiscalrevenue	0.652	– 1.562	2.528
	(0.10)	(– 0.22)	(0.45)
Taxresource	0.723	0.781	0.241
	(0.93)	(1.12)	(0.30)
Fiscalrgdp	– 0.523	– 0.504	– 0.319
	(– 0.98)	(– 0.91)	(– 0.57)
Taxrfiscalr	– 0.135	– 0.241	0.225
	(– 0.36)	(– 0.58)	(0.49)
Reform	11.258 ***	12.922 ***	6.605 **
	(4.55)	(4.64)	(2.20)
常数项	– 102.690 **	– 80.384	– 114.535 **
	(– 2.11)	(– 1.41)	(– 2.75)
样本量	31	31	31
R^2	0.638	0.534	0.688
调整的 R^2	0.53	0.39	0.59

注：*** 、** 和 * 分别表示在 1%、5% 和 10% 的水平上显著。

第三节　政策导向与区域绿色金融发展

一、引言

　　前两节考察了区域经济金融因素和是否加入试验区对区域绿色金融发展的影响，结果表明区域特征会影响绿色金融发展，而金融试验区的省区，总体来看，绿色金融发展水平无论是评分还是排名，均高于非试验区。接下来，我们要考察，不同的区域，推动绿色金融发展的方式或者说动力是不同的，那么，这种驱动发展动力的异质性对绿色金融发展是否也存在影响？

近期也有学者从绿色金融发展方式的异质性角度，考察其对区域绿色金融发展的影响。有学者侧重从政策角度，比如颜文聪、吴伟军（2020）通过梳理国家首批五省八地绿色金融改革创新试验区改革创新路径及举措，发现当前存在激励机制和约束机制不健全、绿色金融标准化体系不完善、绿色金融信息披露不充分等方面的问题。麦均洪、徐枫（2015）基于问卷调研发现，制度性的外部监管不完善造成金融机构实施绿色金融的激励和约束不足。中国人民银行研究局绿色金融标准课题组（2019）通过对比分析绿色信贷和绿色债券标准认为，可先推动中欧绿色金融标准合作和趋同再逐步实现与其他全球主要绿色金融标准接轨。

也有学者侧重从市场角度开展研究，比如方建国、林凡力（2019）从绿色信贷、绿色证券、绿色保险、碳金融四个层面出发，构建我国区域绿色金融发展指数的评价指标体系。于冬菊（2017）基于国际比较的视角发现，金融机构绿色服务的影响因素包括人民对政府发声的程度、营业范围和获利程度。申韬、曹梦真（2020）发现，绿色金融试点政策有效地降低了单位 GDP 的能源消耗，而且政策主要通过工业产业绿色转型来影响能源强度，创新能力和产业结构优化中介效应短期内尚不明显。

如果把区域绿色金融发展进一步细分为政策推动评价和市场效果评价两个组成部分，那么多个省区的分项的排名就会出现较大的变化。大致可以分为三种情况：第一种情况是总分排名和分项排名均比较接近，例如，总分排名前两位的广东和浙江，分项排名也均在前三位，体现了政策推动和市场效果比较均衡；第二种情况是政策推动排名远高于市场效果排名，例如，四川的总体评价排名第 3，其政策推动效果位居第 1，但市场效果只排名第 15，在全国范围内居于中游水平；第三种情况是政策推动排名远低于市场效果排名，例如山西，尽管市场效果排名第 9，比较靠前，但是政策推动排名仅列全国第 23 位，拉低了总体排名，仅为全国第 19 位，如表 5-8 所示。

表 5 – 8 区域绿色金融发展总分排名与分项排名

省份（自治区、直辖市）	政策推动评价排名	市场效果评价排名	总体评价排名
广东	3	1	1
浙江	2	3	2
四川	1	15	3
北京	7	2	4
江苏	6	4	5
江西	4	13	6
福建	8	5	7
新疆	5	16	8
贵州	9	10	9
重庆	11	12	10
河北	12	6	11
安徽	10	21	12
湖北	16	7	13
湖南	17	8	14
山东	15	18	15
内蒙古	14	20	16
上海	19	11	17
甘肃	13	27	18
山西	23	9	19
青海	18	23	20
河南	26	14	21
海南	20	25	22
天津	24	17	23
广西	22	28	24
陕西	28	19	25
宁夏	21	30	26
云南	25	24	27
黑龙江	29	22	28
辽宁	27	26	29
吉林	30	29	30
西藏	31	31	31

数据来源：《地方绿色金融发展指数与评估报告（2019）》。

这里就体现出区域绿色金融发展的三种基本思路：政策导向、市场导向和平衡发展。如果把政策推动评分除以市场效果评分作为政策导向程度的测度，那么依据这个指标对 31 个省（区市）政策导向程度进行排序，我们可以大致区分为三种类型。宁夏排名第 1，政策导向倾向十分显著。其次为四川、甘肃、新疆、安徽、江西、广西、海南、内蒙古、重庆、青海、贵州和山东，共 13 个区域，可以归类为绿色金融政策导向的区域，除山东以外，主要集中在我国中西部地区。西藏、浙江、江苏、云南、福建、辽宁、河北、湖北、湖南、上海、天津和吉林 12 个地区属于平衡发展区域。广东、北京、陕西、黑龙江、山西、河南和吉林等 7 个区域属于绿色金融市场发展导向区域。①

如果把政策导向程度和绿色金融总分进行对比，如图 5-8 所示，我们会发现二者之间并不存在显著的相关关系，因此从直观的经验数据并不能直接判断，政策导向、市场导向还是平衡发展哪种模式更具优势，需要进一步跟进各区域的实际情况进行分析。

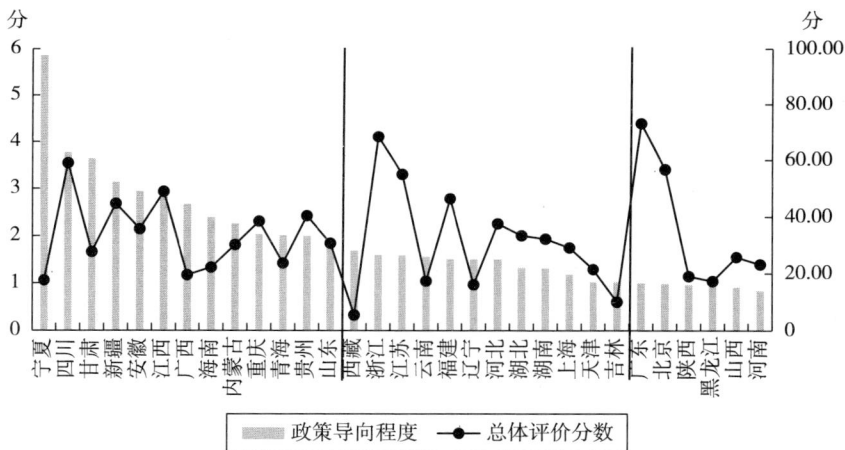

图 5-8   区域绿色金融政策导向程度与绿色金融发展总分

［数据来源：根据《地方绿色金融发展指数与评估报告（2019）》

（王遥、马庆华，2019）和作者计算所得］

---

① 这里划分的标准是，把所有区域政策导向指数的平均值（1.93）作为划分政策导向区域的分界线，即高于均值的区域属于政策导向区域；把政策导向指数值 1 作为划分市场导向区域的分界线，即政策导向指数小于 1 的区域属于市场导向区域。这样我们把 31 个区域分为政策导向组（13 个区域）、平衡发展组（12 个区域）和市场导向组（6 个区域）。在进行组间差异比较时，考虑到样本总数较小，分为政策导向组和非市场导向组（包括平衡发展组和市场导向组）两个组别。值得注意的是，这样的划分带有一定的主观性，仅作为定性分析的参考。

从政策推动的角度看，主要包括各省市区发布绿色金融综合性指导文件、发布绿色金融专项指导文件等方式加以推动。这些政策从整体上或者从特定层面推动了当地绿色金融的发展，如表5-9和表5-10所示。

表5-9 各省发布的绿色金融综合性指导文件

省份（自治区、直辖市）	发布时间	政策名称
北京	2017年9月	《关于构建首都绿色金融体系的实施办法》
天津	2017年5月	《关于构建天津市绿色金融发展的指导意见》
山西	2016年10月	《关于推动山西绿色金融发展的指导意见》
湖南	2017年12月	《关于促进绿色金融发展的实施意见》
广西	2018年7月	《自治区金融办等部门关于构建蓝白色金融体系的实施意见》
内蒙古	2017年2月	《内蒙古自治区人民政府关于构建绿色金融体系的实施意见》
新疆	2017年7月	《关于自治区构建绿色金融体系的实施意见》
四川	2018年1月	《四川省绿色金融发展规划》
重庆	2017年11月	《加快推进重庆市绿色金融发展行动计划（2017—2018）》《重庆市绿色金融发展规划（2017—2020）》
海南	2018年3月	《海南省绿色金融改革发展实施方案》
江西	2017年11月	《关于加快绿色金融发展的实施意见》
	2017年9月	《江西省"十三五"建设绿色金融体系规划》
江苏	2018年10月	《关于深入推进绿色金融服务生态环境高质量发展的实施意见》
浙江	2018年7月	《关于推进全省绿色金融发展的实施意见》
	2019年6月	《关于加快推进我省绿色金融改革试点工作建议》
福建	2017年5月	《福建省绿色金融体系建设实施方案》
安徽	2016年12月	《安徽省绿色金融体系实施方案》
甘肃	2018年1月	《甘肃省人民政府办公厅关于构建绿色金融体系的意见》
青海	2010年8月	《关于支持绿色金融发展的实施意见》
	2016年8月	《关于发展绿色金融的实施意见》
	2015年9月	《关于推动全省加快发展普惠金融、绿色金融、移动金融的指导意见》
贵州	2016年11月	《关于加快绿色金融发展的实施意见》

资料来源：《地方绿色金融发展指数与评估报告（2019）》。

表 5 - 10 各省发布的绿色金融专项指导文件

省份（自治区、直辖市）	发布时间	政策名称
安徽	2019 年 1 月	《安徽省企业环境信用与绿色信贷衔接办法（试行）》
福建	2018 年 9 月	《关于加强绿色金融和环境信用评价联动助推高质量发展的实施意见》
	2014 年 6 月	《关于辖区银行业机构支持生态文明先行示范区建设推进绿色信贷工作的指导意见》
	2016 年 11 月	《关于打造绿色银行助推绿色发展的指导意见》
贵州	2013 年 10 月	《关于开展环境污染强制责任保险试点工作的指导意见》
	2018 年 7 月	《关于支持绿色信贷产品和抵质押品创新的指导意见》
	2017 年 12 月	《贵州省关于开展环境污染强制责任保险试点工作方案》
河北	2011 年 7 月	《关于河北省金融支持环首都绿色经济圈发展的意见》
江苏	2018 年 1 月	《江苏省网络借贷信息中介机构打造绿色金融管理指引（征求意见稿）》
	2017 年 12 月	《关于推动绿色信贷业务发展的指导意见》
江西	2017 年 8 月	《江西银监局关于印发绿色信贷工作考核评价及差别化监管暂行办法的通知》
	2018 年 1 月	《江西赣江新区绿色保险创新试验区建设方案》
辽宁	2010 年	《关于在辽宁省实施绿色信贷政策的指导意见》
	2013 年	《关于加强环境保护推进绿色信贷工作的实施意见》
内蒙古	2016 年 9 月	《内蒙古自治区培育发展绿色基金工作方案》
宁夏	2015 年 12 月	《宁夏回族自治区环境污染责任保险试点工作实施意见》
	2017 年 5 月	《关于继续开展环境污染责任保险试点工作的通知》
青海	2016 年 9 月	《"金融支持青海绿色经济发展信息共享系统"建设总体方案》
山东	2008 年	《关于印发〈绿色信贷指导意见〉的通知》
山西	2012 年 7 月	《山西省绿色信贷政策效果评价办法（试行）》
天津	2011 年 8 月	《关于天津排放权交易市场发展的总体方案》
	2018 年 5 月	《天津市碳排放权交易管理暂行办法》
新疆	2018 年 5 月	《货币政策工具支持绿色金融改革创新试验区绿色经济发展实施细则（暂行）》
	2017 年 6 月	《新疆维吾尔自治区环境污染责任保险试点工作实施方案》
浙江	2012 年 11 月	《浙江银监局关于银行业金融机构加强绿色信贷工作的指导意见》
	2011 年 4 月	《关于推进绿色信贷工作的实施意见》

资料来源：《地方绿色金融发展指数与评估报告（2019）》。

此外，值得注意的是，发布绿色金融标准也是发展绿色金融的关键举措，使得绿色金融的认定有了客观依据，为各类金融机构开展绿色金融服务明确服务对象、丰富产品设计和产品科学定价奠定了基础。近年来各省发布的绿色金融标准如表5－11所示。

表5－11　　　　　　　各省发布的绿色金融标准

省份	政策发布时间	政策名称
贵州	2019年6月	《贵州省绿色金融项目标准及评估办法（试行）》
江西	2019年1月	《绿色金融标准体系》
浙江	2018年7月	《绿色融资项目评价规范》《绿色融资企业评价规范》《绿色银行评价规范》《绿色金融专营机构建设规范》
广东	2018年5月	《广东省广州市绿色金融改革创新试验区绿色企业认定方法》《广东省广州市绿色金融改革创新试验区绿色项目认定方法》

资料来源：《地方绿色金融发展指数与评估报告（2019）》。

二、研究设计

接下来，与前一节的研究框架一致，我们进一步考察不同的驱动方式即政策导向（取值3）、平衡发展（取值2）与市场导向（取值1）对区域绿色金融发展的影响。图5－9（a）显示，总体上看，政策导向的地区，绿色金融总分在经济发展水平（人均GDP）相类似的情况下得分较高，而类似的情况在金融发展水平（金融业增加值）、财政收入（一般财政收入）上比较显著，在区域资源丰富程度（资源税占财政收入比重）和税收强度（税收占财政收入比重）上也有所体现，在财政强度（一般财政收入占GDP比例）上不明显。

如果区分政策推动评分和市场效果评分的影响，图5－10（a）显示，政策导向省份的绿色金融政策推动评分在经济发展水平（人均GDP）相类似的情况下得分较高，而类似的情况在金融发展水平（金融业增加值）、财政收入（一般财政收入）、区域资源丰富程度（资源税占财政收入比重）以及税收强度（税收占财政收入比重）上均比较显著，在财政强度（一般财政收入占GDP比例）上也有所体现。

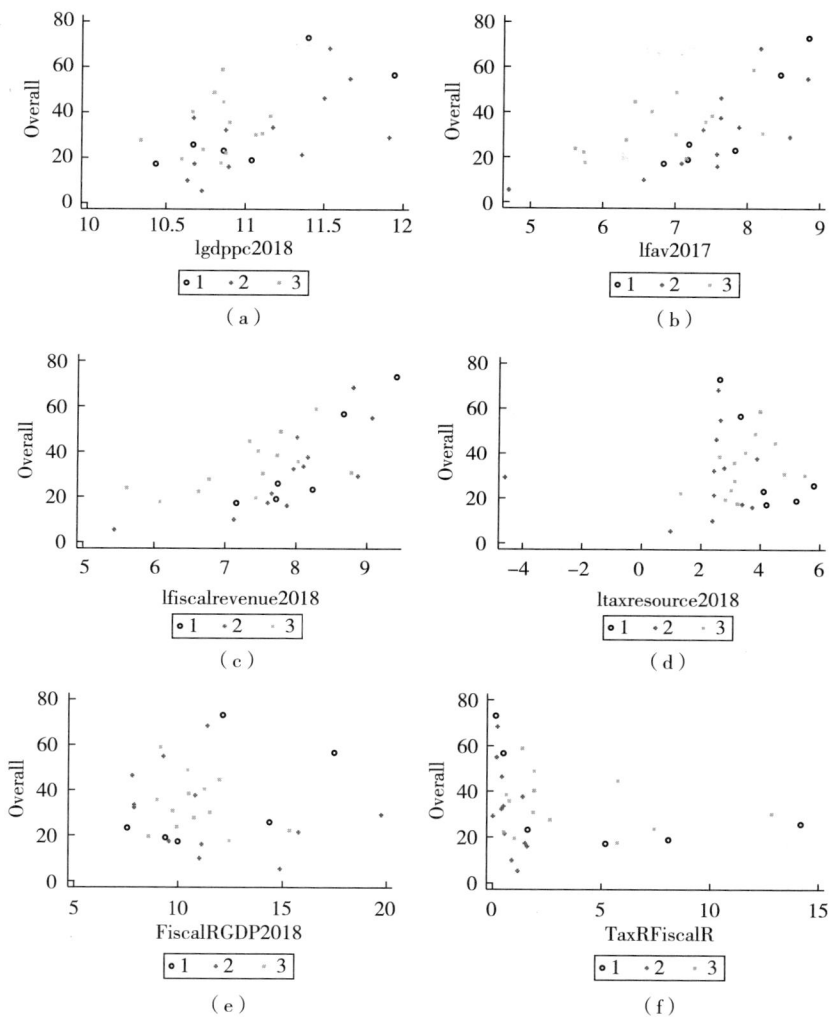

注：1 为市场导向的地区样本，2 为平衡发展的地区样本，3 为政策导向的地区样本。

图 5 - 9 不同发展策略与绿色金融发展总分

从市场效果评分来看，图 5 - 11（a）显示，政策导向省份的绿色金融政策推动评分在经济发展水平（人均 GDP）相类似的情况下得分反而较低，而类似的情况在区域资源丰富程度（资源税占财政收入比重）等指标上也有所体现。

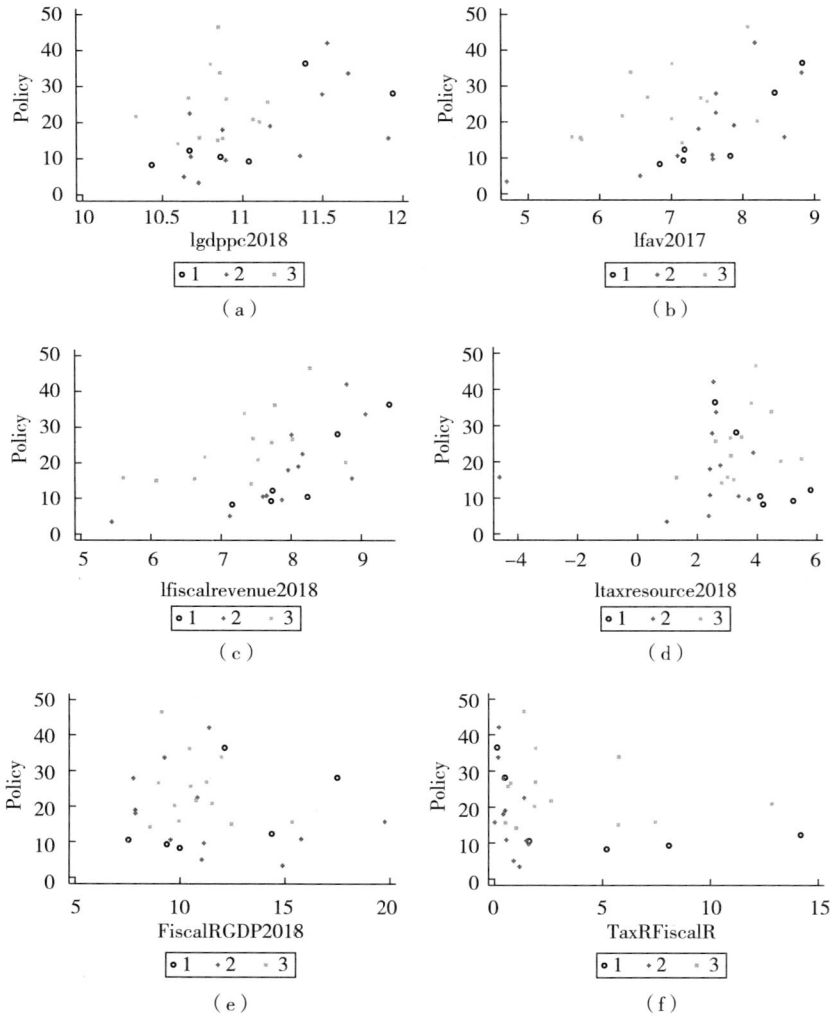

注：1 为市场导向的地区样本，2 为平衡发展的地区样本，3 为政策导向的地区样本。

图 5－10 不同发展策略与绿色金融政策推动评分

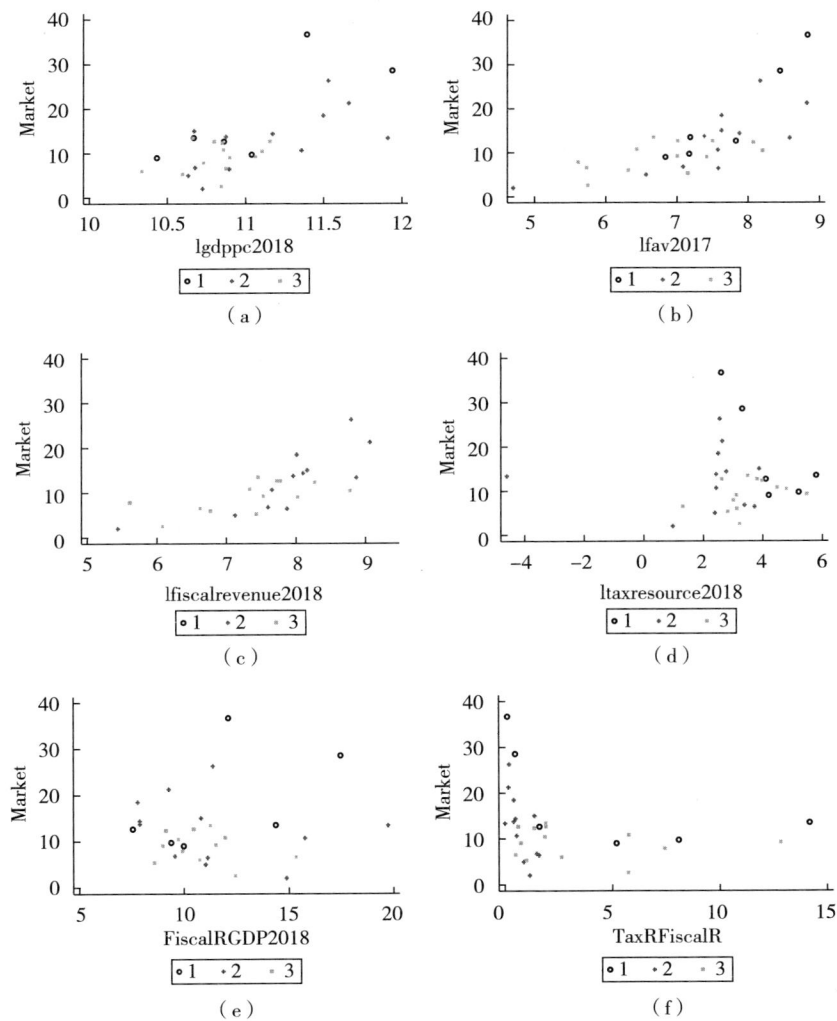

（a）

（b）

（c）

（d）

（e）

（f）

注：1 为市场导向的地区样本，2 为平衡发展的地区样本，3 为政策导向的地区样本。

图 5-11 不同发展策略与绿色金融市场效果评分

根据文献综述和经验事实，我们提出如下研究假设：

假设 3：区域绿色金融发展的特征对绿色区域金融发展有异质性影响。

$$OverallScore_i = \beta_0 + \beta_1 Reform_i + \beta_2 PolicyMarket_i + \lambda_i X_i + \varepsilon_i$$

$$(5-13)$$

其中，$OverallScore_i$ 是绿色金融发展的整体评分，$Reform_i$ 是是否属于绿色金融改革试点区域，$PolicyMarket_i$ 是政策导向程度的衡量。$\lambda_i X_i$ 是控制变量，ε_i 是随机项。

如果检验政策推动评分（$PolicyScore_i$）和市场效果评分（$MarketScore_i$），则估计如下方程：

$$PolicyScore_i = \beta_0 + \beta_1 Reform_i + \beta_2 PolicyMarket_i + \lambda_i X_i + \varepsilon_i$$

$$(5-14)$$

$$MarketScore_i = \beta_0 + \beta_1 Reform_i + \beta_2 PolicyMarket_i + \lambda_i X_i + \varepsilon_i$$

$$(5-15)$$

类似地，如果考察绿色金融改革以及政策导向程度对区域绿色金融排名的影响，则需估计如下方程：

$$OverallRank_i = \beta_0 + \beta_1 Reform_i + \beta_2 PolicyMarket_i + \lambda_i X_i + \varepsilon_i$$

$$(5-16)$$

$$PolicyRank_i = \beta_0 + \beta_1 Reform_i + \beta_2 PolicyMarket_i + \lambda_i X_i + \varepsilon_i$$

$$(5-17)$$

$$MarketRank_i = \beta_0 + \beta_1 Reform_i + \beta_2 PolicyMarket_i + \lambda_i X_i + \varepsilon_i$$

$$(5-18)$$

其中，$OverallRank_i$ 是区域绿色金融发展总体排名，$PolicyRank_i$ 和 $MarketRank_i$ 分别是政策推动排名和市场效果排名。

三、经验研究

首先对是否属于政策导向的省市区绿色金融总分、政策推动评分和市场效果评分的组间差异进行检验。结果表明，政策导向组的绿色金融总体评分比非政策导向组高约 1.1 分（10% 水平下不显著），政策推动评分高约 6.6 分（10% 水平下不显著），市场效果评分约低 5.5 分（5% 水平下显著），如表 5 – 12 所示。这表明，政府推动和市场推动地区绿色金融发展可能存在一定的替代效应。

表 5 – 12　　　　　　政策推动对绿色金融评分均值差异的影响

变量	非政策导向组	非政策导向组均值	政策导向组	政策导向组均值	组间差异
OverallScore	18	32. 642	13	33. 766	− 1. 124
PolicyScore	18	17. 981	13	24. 595	− 6. 614
MarketScore	18	14. 635	13	9. 168	5. 467 **

注：** 表示在 5% 的水平上显著。

接下来对是否属于政策导向的省市区绿色金融总分排名、政策推动评分排名和市场效果评分排名的组间差异进行检验。结果表明，政策导向组的绿色金融总体评分排名比非政策导向组（包含市场导向组和平衡发展组）高约 2.5 个名次（10% 水平下不显著），政策推动评分排名高约 6.0 个名次（10% 水平下显著），市场效果评分排名约低 6.6 个名次（5% 水平下显著），如表 5 – 13 所示。这再次表明，政府推动和市场推动地区绿色金融发展可能存在一定的替代效应。

表 5 – 13　　　　　　政策推动对绿色金融排名均值差异的影响

变量	非政策导向组	排名均值	政策导向组	排名均值	组间差异
OverallRank	18	14. 944	13	17. 462	− 2. 517
PolicyRank	18	13. 5	13	19. 462	− 5. 962 *
MarketRank	18	18. 778	13	12. 154	6. 624 **

注：** 、* 分别表示在 5% 、10% 的水平上显著。

接下来进一步把区域绿色金融发展的特征纳入考察，即该地区绿色金融发展属于政策导向、平衡发展还是市场导向。表 5 – 14 第（1）列表明，是否属于政策导向组对绿色金融总体评分不显著，第（2）列显示，属于政策导向组程度与政策导向评分在 1% 水平上正相关，第（3）列显示，属于政策导向组程度与市场效果评分在 1% 水平上负相关。

表 5 – 14   政策导向与区域绿色金融发展

变量	（1）	（2）	（3）
被解释变量	*OverallScore*	*PolicyScore*	*MarketScore*
Gdppc	15. 545 *	8. 008	7. 538 **
	(2. 03)	(1. 44)	(2. 80)
Fav	10. 191	6. 020	4. 264
	(0. 89)	(0. 74)	(0. 96)
Fiscalrevenue	− 3. 762	− 1. 788	− 2. 073
	(− 0. 34)	(− 0. 24)	(− 0. 44)
Taxresource	2. 068	1. 377	0. 705
	(1. 22)	(1. 30)	(1. 00)
Fiscalrgdp	− 0. 267	− 0. 238	− 0. 018
	(− 0. 27)	(− 0. 38)	(− 0. 05)
Taxrfiscalr	− 0. 394	− 0. 197	− 0. 198
	(− 0. 61)	(− 0. 48)	(− 0. 72)
Reform	23. 224 ***	14. 321 ***	8. 949 ***
	(4. 45)	(4. 33)	(3. 22)
Policymarket	3. 732	6. 427 ***	− 2. 685 **
	(1. 35)	(2. 96)	(− 2. 79)
常数项	− 197. 006 ***	− 114. 788 **	− 82. 353 ***
	(− 2. 88)	(− 2. 34)	(− 3. 41)
样本量	31	31	31
R^2	0. 759	0. 719	0. 817
调整的 R^2	0. 67	0. 62	0. 75

注：***、**、*分别表示在 1%、5%、10% 的水平上显著。

    类似地，再以绿色金融发展地区排名进行稳健性检验，如表 5 – 15 所示。结果表明，经济发展水平与区域绿色金融总体排名正相关，进入改革试点的区域，总体排名、政策推动排名和市场效果排名均显著正相关，保持了良好的稳健性。政策导向对绿色金融总体排名和政策推动排名有正向影响，对市场效果排名影响不显著。

表 5 – 15   政策导向与区域绿色金融发展排名

变量	（1）	（2）	（3）
被解释变量	*OverallRank*	*PolicyRank*	*MarketRank*
Gdppc	9. 326 *	8. 188	8. 824 *
	（1. 92）	（1. 64）	（1. 84）
Fav	2. 255	3. 457	1. 872
	（0. 38）	（0. 58）	（0. 38）
Fiscalrevenue	1. 500	− 0. 195	2. 051
	（0. 25）	（− 0. 03）	（0. 38）
Taxresource	0. 955	1. 155	0. 111
	（0. 97）	（1. 16）	（0. 16）
Fiscalrgdp	− 0. 293	− 0. 134	− 0. 448
	（− 0. 49）	（− 0. 22）	（− 0. 83）
Taxrfiscalr	− 0. 069	− 0. 134	0. 187
	（− 0. 17）	（− 0. 35）	（0. 47）
Reform	9. 872 ***	10. 686 ***	7. 384 **
	（4. 03）	（4. 08）	（2. 49）
Policymarket	3. 667 **	5. 911 ***	− 2. 060
	（2. 58）	（3. 93）	（− 1. 66）
常数项	− 123. 625 ***	− 114. 135 **	− 102. 773 **
	（− 2. 83）	（− 2. 49）	（− 2. 55）
样本量	31	31	31
R^2	0. 711	0. 725	0. 711
调整的 R^2	0. 61	0. 62	0. 61

注：***、**、*分别表示在 1%、5%、10% 的水平上显著。

本章小结

当前绿色金融发展速度较快，但也存在着较大的区域差异。本章考察区域经济金融特征、绿色金融试点以及具体发展模式等因素影响区域绿色金融发展的效果和机制。

经验研究结果表明，区域经济发展水平、财政收入和资源丰富程度是影响绿色金融发展的主要因素；参加绿色金融改革的区域，绿色金融发展水平显著高于非试点区域；区域绿色金融发展模式的选择对区域绿色金融发展存在异质性影响。稳健性检验结果表明，用区域绿色金融发展的排名指标替代得分指标以后，结果是稳健的。

这是侧重从政策层面探讨绿色金融发展依托的理论基础和现实约束。经验研究结果带有显著的政策建议内涵：区域绿色金融发展有三种基本思路：政策导向、市场导向和平衡发展。各地区需要根据本地的实际情况，因地制宜地选择最优发展策略，在区域层面推动绿色金融发展。

第六章　绿色金融发展的政策建议

第一节　主要结论

本书从结构优化的角度研究绿色金融对绿色发展的影响，主要从金融结构、供给结构、需求结构和区域发展异质性等四个角度进行分析。通过多个层面的理论探索和经验研究，主要得到如下基本结论。

第一，从理论角度看，发展绿色金融，通过优化金融结构能够推动绿色发展。从供给角度来看，绿色金融发展需要与资本、劳动、技术和资源环境等要素进行互动，即形成和发展绿色资本、绿色劳动、绿色技术和绿色环境。从需求角度来看，绿色金融发展需要与投资、消费、政府购买和进出口等拉动经济增长的主要动力深度融合，即形成和发展绿色投资、绿色消费、绿色财政和绿色国际经济往来。从生产者角度而言，主要通过绿色金融支持绿色技术进步，降低绿色生产成本；从消费者角度而言，一方面通过绿色技术进步降低绿色产品价格，另一方面通过绿色环保教育，影响消费者偏好，增加绿色消费的效用。

第二，从生产者角度看，绿色金融发展，包括规模增加和结构优化，既可直接作用于经济增长和绿色发展（碳排放），也可通过技术进步，间接地影响碳排放。

经验研究表明，金融结构与绿色发展、高质量增长之间存在长期协整关系。本书提出的 TFP 与人均碳排放量之间存在着"倒 U 形"关系的假说，基于 1971—2014 年 G20 面板数据得到了初步验证。进一步考察其影响机制，金融发展与 TFP 对人均碳排放量可能产生正向或者负向的交互关系。发达经济体与新兴经济体的信贷增长并不能与 TFP 产生正面的协同作用，无助于减少人均碳排放量。对于发达经济体而言，资本市场的发展能够与 TFP 产生协同作用，减少人均碳排放量，而这种机制在新兴经济体中并不存在。

第三，基于调研数据的基本事实和经验研究结果表明，较高的参与度与丰富的参与方式（场景）与绿色金融满意度正相关。整体的绿色金融素养与满意度正相关，但对具体绿色金融产品的了解与满意度之间的关联不显著。与之相类似，整体的绿色金融素养与绿色金融产品尝试意愿正相关，但对具体绿色金融产品的了解与绿色金融产品尝试意愿之间的关联不显著。研究表明，要提高消费者对绿色金融发展的满意度和参与意愿，这是一个复杂的过程，至少需要从绿色金融产品设计、绿色金融服务方式创新、绿色金融产品普及教育、绿色发展理念的推广等角度加以展开。

第四，从实践层面看，由于不同区域市场机制和制度环境的差异，绿色金融发展外部性内部化的策略有所区别，这为有针对性地制定区域绿色金融发展的策略奠定了基础。区域经济发展水平、财政收入和资源丰富程度是影响绿色金融发展的主要因素；参加绿色金融改革的区域，绿色金融发展水平显著高于非试点区域；区域绿色金融发展模式的选择对区域绿色金融发展存在异质性影响。用区域绿色金融发展的排名指标替代得分指标以后，结果是稳健的。研究结果带有显著的政策建议内涵：区域绿色金融发展有三种基本思路：政策导向、市场导向和平衡发展。各地区需要根据本地的实际情况，因地制宜地选择最优发展策略，在区域层面推动绿色金融发展。

第二节　政策建议

一、面临挑战

当前绿色金融发展实践过程中面临着一些问题和挑战，可归纳为"三多三少"现象。

一是在绿色金融产品中信贷产品的占比较多，其他金融产品较少。理论上绿色金融工具箱十分丰富，但是在实际操作中由于受到各种现实条件的约束，传统的信贷产品仍然是主流。

二是绿色金融发展的产品较多，但绿色金融发展机制和平台较少。相比于具体的绿色金融产品，构建绿色金融体系和改革绿色金融运行机制是目前进一步发展绿色金融的难点。

三是绿色金融产品供给大型机构较多，中小型地方金融机构较少。尤其是大型国有银行参与较多，而中小型地方性银行、非银行金融机构参与占比较少。这说明目前发展绿色金融业务可能存在一定的门槛。

之所以存在"三多三少"现象，原因是多方面的，其中激励不到位和信息不对称等问题造成长期与短期成本收益之间不匹配是利益根源层面的原因。

对于绿色金融的资金需求方而言，其内在激励是符合绿色标准将优先或以较低成本获得资金。因此可能存在道德风险，故意模糊绿色标准，甚至弄虚作假、瞒报虚报。对于金融机构而言，则面临着两方面的挑战：客户识别是否符合绿色金融标准与风险管理是否影响自身盈利。我们在开展调研、访谈过程中，这两方面的问题是绿色金融从业人员反馈的主要困惑。对于政府而言，发展绿色金融，推动高质量发展是新时代的要求，但往往前期需要一定的财政政策支持配套，因而面临着长期的潜在收益与短期的新增支出不匹配的问题。

二、对策建议

发展绿色经济是加快构建中国特色的现代化经济体系的重要路径之一；发展绿色金融是助力实现我国实体经济、科技创新、现代金融、人力资源协调发展的有效突破口。在十九大报告中有 6 处提到金融，其中只有一处强调要"发展"，就是"发展绿色金融"。发展绿色金融是发挥金融核心作用的需要，是推动区域经济高质量发展的需要，是我国高水平全面建成小康社会的需要。

为此，需要从思想认识层面、利益根源层面和业务操作层面系统谋划、协调推进，牢固树立"三种思维"、有序实施"三个阶段"、推动制定"三项标准"，即做好"三个三"，推动绿色金融在我国的新发展。

（一）在思想认识方面树立"三种思维"

一是树立全局思维。发展绿色金融，服务新时代经济金融大局。发展绿色金融可谓一举三得：首先发展绿色金融直接服务于污染防治；其次通过支持产业转型升级加强服务实体经济从而防范化解重大风险；最后通过积极探索、实践"绿水青山"等新的发展模式，助力居民增收，精准脱贫。

二是树立审慎思维。发展绿色金融，防范化解系统性金融风险。发展绿色金融要与宏观审慎相结合，着眼点是服务实体经济；底线是防控新增的金融风险，抑制概念炒作和高风险投机，防止"洗绿、漂绿"；动力在于通过深化金融改革构建绿色金融体系。

三是树立共赢思维。发展绿色金融，增强各类主体的"获得感"。具体而言，要做到"收放结合"："收"是在多方合作的基础上制定、完善各项标准，"放"是进一步激发绿色金融市场主体的活力。

（二）在利益激励方面实施"三个阶段"

三个阶段可以概括为"案例先导、标准制定、统筹推进"。

一是案例先导。这是给予绿色金融的实施主体以鲜明的正向激励。在基层政府、金融机构、企业居民等绿色金融各类主体中树立先进典型和范例，通过相关政策支持，让这些探索者、先行者和实践者获得崇高荣誉和适度的财政支持。除了成功的案例，也要留意和关注失败的案例，及时吸取教训。

二是标准制定。这是给予绿色金融的各类主体以明确的发展指引。可由人行、金融办、银保监、证监、发改、经信、环保等部门以及相关的专业第三方深度参与标准制定，金融机构广泛参与、组织制定相关标准，方便金融机构开展业务，防范资金需求方的道德风险。

三是统筹推进。这是给予绿色金融的实施主体以有力的保障支持。目前在全国和试点省区层面已经成立了绿金委，可在（试点）市县层面也成立专门的绿金委，并由绿金委牵头统筹推进绿色金融在各地发展。具体思路上，可在基层形成"一体两翼"的基本格局，即以绿色金融为主体，科技金融、普惠金融为两翼，实现实体经济、科技创新、现代金融、人力资源协调发展。

从目前我国的实践来看，目前案例已经比较丰富，需要推进到第二阶段，即标准制定阶段。比如今年 4 月浙江湖州探索建立首个地方性绿色企业和项目认定评估指标体系进展顺利，需要进一步协调推进，切实落地。

（三）在业务操作方面制定"三项标准"

构建"三项标准"，着力解决当前绿色金融发展的"三少"问题。

一是构建完善绿色金融行业标准，丰富绿色金融产品和服务。这是开展绿色金融业务的基础性标准。标准来源于理论与实践相结合。借鉴 G20 绿金小组、央行绿金委等已经出台的指引、政策和研究成果，结合各地实际，借助大数据技术，广泛收集资金供求双方的金融、环评等相关数据，进一步丰富和充实绿色金融内涵，积极探索除绿色信贷、绿色债券以外的其他绿色金融产品和服务的标准制定。

二是探索制定绿色金融考核标准，构建绿色金融平台和机制。这是开展绿色金融业务的约束性标准。主要思路是在进一步优化绿色金融相关的统计指标的基础上，落实"理念转换"，把发展绿色金融、绿色经济作为评定地方发展成效的重要指标，进一步明确基层地方政府在推动绿色金融发展方面的职责，引导、鼓励政府积极转变思路，从单纯依靠财政补贴到创新机制搭建平台，降低参与主体的交易成本。探索把绿色信贷纳入区域 MPA 考核。依托政府的公信力，与环保等部门深度合作，定期定点发布权威的环评标准。

三是建立优化绿色金融激励标准，提高绿色金融供给参与度。这是开展绿色金融业务的支持性标准。需要优化激励手段，鼓励更多主体参与绿色金融发展，尤其是鼓励和支持更多中小型地方金融机构积极参与。开展绿色金融发展的产学研合作，鼓励金融机构与高校和科研院所开展多层次合作，追踪国际国内绿色金融在风险评估等领域的最新进展，为具体业务开展提供理论依据和实践指导。加快绿色金融专业人才培养，探索开设绿色金融等基础性、专业性课程，鼓励金融机构和相关高校采取培训、柔性引进、联合培养等形式，吸纳、引进和培养绿色金融业务的各层次人才。

主要参考资料

政策文件

● 综合政策

《工业和信息化部关于印发〈工业绿色发展规划（2016—2020 年）〉的通知》，工信部规〔2016〕225 号

《国务院关于印发〈"十三五"控制温室气体排放工作方案〉的通知》，国发〔2016〕61 号

《关于构建绿色金融体系的指导意见》，银发〔2016〕228 号

《关于促进绿色消费的指导意见的通知》，发改环资〔2016〕353 号

《关于建立统一的绿色产品标准、认证、标识体系的意见》，国发办〔2016〕86 号

《关于创新和完善促进绿色发展价格机制的意见》，发改委价规〔2018〕943 号

《关于推进金融支持县城工业绿色发展工作的通知》，工信部联节〔2018〕247 号

《建立市场化、多元化生态保护补偿机制行动计划》，发改西部〔2018〕1960 号

《绿色产业指导目录（2019 年版）》，发改委

关于印发《绿色产业指导目录（2019 年版）》的通知，发改环资〔2019〕293 号

《绿色生活创建行动总体方案》，发改委

● 绿色信贷

《中国银行业绿色银行评价实施方案（试行）》，中国银行业协会，2017 年 12 月

《绿色贷款专项统计制度》，人民银行发布，2018 年 1 月

《关于开展银行存款类业金融机构绿色信贷业绩评价的通知》，银发〔2018〕18 号

● 绿色债券

《关于开展绿色公司债券试点的通知》，上证发〔2016〕13 号

《关于开展绿色公司债券业务试点的通知》，深证上〔2016〕206 号

《关于在银行间债券市场发行绿色金融债券的公告》，人民银行

《绿色债券评估认证行为指引（暂行）》，人民银行和证监会，2017 年 10 月

146

《关于加强绿色金融债券存续期监督管理有关事宜的通知》，银发〔2018〕29 号

《上海证券交易所公司债券融资监管问答（一）绿色公司债券》，2018 年 3 月

《上海证券交易所服务绿色发展推进绿色金融愿景与行动计划（2018—2020）》，2018 年 4 月

《上海证券交易所资产证券化业务问答（二）绿色资产支持证券》，2018 年 8 月

《绿色债券发行指引》，发改委

《非金融企业绿色债务融资工具业务指引》，中国银行间市场交易商协会

《关于支持绿色债券发展的指导意见》，中国证监会

- 绿色投资

2018 年 11 月，中国证券投资基金业协会发布《绿色投资指引（试行）》，对绿色机构投资者作出普遍适用的规范性要求，要求基金管理人应每年开展一次绿色投资情况自评估并上报评估结果。

- 绿色保险

《中国保监会关于印发〈中国保险业发展"十三五"规划纲要〉的通知》，保监发〔2016〕74 号

2017 年 6 月，生态环境部和中国银行保险监督管理委员会联合研究制定了《环境污染强制责任保险管理办法（征求意见稿）》，将以部门规章形式颁布实施。《办法》是在前期试点实践经验基础上的总结提升，进一步规范健全了环境污染强制责任保险制度，丰富了生态环境保护市场手段。

- 环境权益交易市场

《关于开展用能权有偿使用和交易试点工作的函》，发改环资〔2016〕1659 号

2017 年 12 月，国家发改委印发《全国碳排放权交易市场建设方案（发电行业）》，正式启动全国统一的碳排放权交易市场，为碳金融市场制度建设奠定了良好基础。

- 环境信息披露

《上市公司治理准则》证监会〔2018〕29 号，2018 年 9 月

参 考 文 献

［1］白钦先，丁志杰．论金融可持续发展［J］．国际金融研究，1998，（5）：28－32.

［2］白钦先．再论金融可持续发展［J］．中国金融，1998，（7）：19－20.

［3］蔡玉平，张元鹏．绿色金融体系的构建：问题及解决途径［J］．金融理论与实践，2014，422（9）：66－70.

［4］曹倩．我国绿色金融体系创新路径探析［J］．金融发展研究，2019，447（3）：46－52.

［5］柴尚蕾，周鹏．基于非参数 Copula－CVaR 模型的碳金融市场集成风险测度［J］.中国管理科学，2019，27（8）：1－13.

［6］陈昌兵．新时代我国经济高质量发展动力转换研究［J］．上海经济研究，2018，（5）：16－24，41.

［7］陈欣，刘明．金融发展对二氧化碳排放影响的经验研究［J］．财经问题研究，2015，（4）：40－46.

［8］董莹莹，廖可贵．中国金融结构与宏观经济结构关系实证研究［J］．统计与决策，2013.

［9］杜淑琳．共享经济背景下消费者参与协同消费的影响要素探究［J］．商业经济研究，2018，（13）：48－50.

［10］方浩文．金融结构、经济结构与总消费波动关系研究——基于中国金融结构约束的观点［J］．天津大学学报（社会科学版），2013，v.15；No.75（3）：204－209.

［11］方建国，林凡力．我国绿色金融发展的区域差异及其影响因素研究［J］．武汉金融，2019，235（7）：69－74.

［12］郭滕达．绿色金融发展的驱动因素［J］．中国科技论坛，2018，264（4）：4－5.

［13］韩立岩，尤苗，魏晓云．政府引导下的绿色金融创新机制［J］．中国软科学，2010，239（11）：12－18，53.

［14］何建坤．经济新常态下的低碳转型［J］．环境经济研究，2017，2（1）：1－6.

［15］胡春生．政府路径下的绿色金融［J］．经济研究导刊，2013，197（15）：146 – 147.

［16］胡小梅，刘梦晨，王心月．社会公众对绿色金融产品的认知度及其影响因素研究［J］．金融经济，2019，508（10）：9 – 11.

［17］金碚．关于"高质量发展"的经济学研究［J］．中国工业经济，2018，（4）：5 – 18.

［18］金海年．绿色金融评价体系研究：企业资产与供应链的绿色评价［M］．北京：中国金融出版社，2019.

［19］李茂生，李光荣．新世纪初经济结构与金融结构优化研究［J］．财经理论与实践，2001，（6）：17 – 24.

［20］李平，付一夫，张艳芳．生产性服务业能成为中国经济高质量增长新动能吗［J］．中国工业经济，2017，（12）：5 – 21.

［21］李西江．经济结构调整及金融工具选择：缘自地区间差异［J］．改革，2012，No. 222（8）：25 – 30.

［22］廖理，初众，张伟强．中国居民金融素养差异性的测度实证［J］．数量经济技术经济研究，2019，36（1）：96 – 112.

［23］林毅夫，姜烨．发展战略、经济结构和银行业结构：来自中国的经验［J］．管理世界，2006（1）：29 – 40.

［24］刘国强．我国消费者金融素养现状研究——基于2017年消费者金融素养问卷调查［J］．金融研究，2018，453（3）：1 – 20.

［25］刘明广．中国省域绿色发展水平测量与空间演化［J］．华南师范大学学报（社会科学版），2017（3）：37 – 44，189 – 190.

［26］刘琦铀，张成科．广州构建碳金融市场的国际经验借鉴及实施路径选择［J］．生态经济，2018，34（10）：35 – 39，102.

［27］刘文勇．绿色金融的理论基础与实践发展［J］．黑龙江金融，2018，475（9）：15 – 17.

［28］刘艳萍．从自发到自觉：我国公民生态消费参与嬗变的思考［J］．前沿，2010，265（11）：157 – 161.

［29］刘志彪．理解高质量发展：基本特征、支撑要素与当前重点问题［J］．学术月刊，2018，50（7）：39 – 45，59.

［30］罗永宣．建设金融开放门户背景下资源富集区着力发展绿色金融研究——以广

西河池市为例 [J]. 金融理论与实践, 2020, (2): 26 – 32.

[31] 马骏. 论构建中国绿色金融体系 [J]. 金融论坛, 2015, 20 (5): 18 – 27.

[32] 麦均洪, 徐枫. 基于联合分析的我国绿色金融影响因素研究 [J]. 宏观经济研究, 2015 (5): 23 – 37.

[33] 毛彦军, 徐文成. 金融供给侧结构性改革视角下绿色金融体系建设路径研究——以绿色金融改革创新试验区为例 [J]. 征信, 2019, 37 (12): 79 – 84.

[34] 齐绍洲, 林屾. 电力行业碳排放的影响因素——基于长江经济带空间动态面板的实证研究 [J]. 环境经济研究, 2016, 1 (1): 91 – 105.

[35] 任保平. 新时代中国经济从高速增长转向高质量发展: 理论阐释与实践取向 [J]. 学术月刊, 2018a, (3): 66 – 74, 86.

[36] 任保平. 新时代高质量发展的政治经济学理论逻辑及其现实性 [J]. 人文杂志, 2018b, (2): 26 – 34.

[37] 任辉. 环境保护、可持续发展与绿色金融体系构建 [J]. 现代经济探讨, 2009, 334 (10): 85 – 88.

[38] 邵传林, 闫永生. 绿色金融之于商业银行风险承担是"双刃剑"吗——基于中国银行业的准自然实验研究 [J]. 贵州财经大学学报, 2020 (1): 68 – 77.

[39] 佘群芝. 环境库兹涅茨曲线的理论批评综论 [J]. 中南财经政法大学学报, 2008 (1): 20 – 26.

[40] 申韬, 曹梦真. 绿色金融试点降低了能源消耗强度吗？ [J]. 金融发展研究, 2020 (2): 3 – 10.

[41] 孙景德, 余霞民. 金融结构和经济结构对称性分析的宁波个案 [J]. 上海金融, 2012, No.385 (8): 21 – 25, 116.

[42] 孙梦熊. 欠发达地区绿色金融支持产业发展的经验研究——以平凉市为例 [J]. 现代营销（经营版）, 2019, 317 (5): 209.

[43] 唐晓莉, 宋之杰. 共享经济参与主体协同消费行为的演化博弈分析 [J]. 企业经济, 2019, 461 (1): 66 – 72.

[44] 唐毅青, 范春蓉, 谭德庆. 共享经济下我国消费者参与协同消费的影响因素研究 [J]. 软科学, 2017, 31 (10): 136 – 139.

[45] 天大研究院课题组, 王元龙, 马昀, 等. 中国绿色金融体系: 构建与发展战略 [J]. 财贸经济, 2011, 359 (10): 38 – 46, 135.

[46] 田艳平, 徐玮, 顾贾能. 影响工业高质量增长的制度性因素——基于中国式分

权的研究 [J]. 学习与实践，2018，(5)：40－50.

[47] 王静. 我国绿色金融发展驱动因素与进展研究 [J]. 经济体制改革，2019，218 (5)：136－142.

[48] 王去非. 绿色金融激励约束机制研究——基于浙江实践的调查与思考 [J]. 浙江金融，2016，453 (12)：29－34.

[49] 王婷婷，张亚利，王淼晗. 中国碳金融市场风险度量研究 [J]. 金融论坛，2016，21 (9)：57－68.

[50] 王遥，马庆华. 地方绿色金融发展指数与评估报告 (2019) [M]. 北京：中国金融出版社，2019.

[51] 王永昌，尹江燕. 论经济高质量发展的基本内涵及趋向 [J]. 浙江学刊，2019，(1)：91－95.

[52] 魏敏，李书昊. 新时代中国经济高质量发展水平的测度研究. 数量经济技术经济研究 [J]，2018，35 (11)：3－20.

[53] 温涛，张梓榆. 信贷扩张、研发投入与中国经济增长的"量"与"质" [J]. 科研管理，2018，39 (1)：1－8.

[54] 吴波，李东进，王财玉. 绿色还是享乐？参与环保活动对消费行为的影响 [J]. 心理学报，2016，48 (12)：1574－1588.

[55] 吴卫星，吴锟，王琎. 金融素养与家庭负债——基于中国居民家庭微观调查数据的分析 [J]. 经济研究，2018，53 (1)：97－109.

[56] 向晖，郭珍珍. 金融素养对网贷消费行为的影响——感知风险中介作用的实证研究 [J]. 消费经济，2019，35 (2)：62－70.

[57] 谢孟哲，唐羽. 全球绿色金融体系进展 [J]. 中国金融，2017，858 (12)：46－48.

[58] 谢婷婷，高丽丽，张晓丽. 绿色金融改革创新试验区绿色金融发展效率及影响因素研究——基于 DEA－Tobit 模型的分析 [J]. 新疆农垦经济，2019，(12)：64－72.

[59] 徐忠，郭濂，冯殷诺. 绿色金融的可持续发展 [J]. 南方金融，2018，No. 506 (10)：3－14.

[60] 严成樑，李涛，兰伟. 金融发展、创新与二氧化碳排放 [J]. 金融研究，2016，(1)：14－30.

[61] 颜文聪，吴伟军. 关于纵深推进我国绿色金融改革创新的思考——基于首批国家级绿色金融改革创新试验区的分析 [J]. 企业经济，2020，(4)：147－154.

［62］杨多贵，陈劭锋，牛文元．可持续发展四大代表性指标体系评述［J］．科学管理研究，2001（4）：58－61，72.

［63］杨俊，王佳．金融结构与收入不平等：渠道和证据——中国省际非平稳异质面板数据的研究［J］．金融研究，2012，No.379（1）：120－132.

［64］杨晓燕，邓珏坤．情感依恋对消费者参与协同消费的影响方式——基于产品处置的视角［J］．消费经济，2014，30（5）：56－60.

［65］殷孟波，贺国生．西南金融结构与经济结构的关系［J］．经济学家，2001，（6）：85－89.

［66］于冬菊．金融机构发展绿色金融的影响因素研究——基于先行国家的实证检验［J］．财经问题研究，2017，409（12）：53－60.

［67］余泳泽，胡山．中国经济高质量发展的现实困境与基本路径：文献综述［J］．宏观质量研究，2018，6（4）：1－17.

［68］岳秋茨．顾客参与、服务质量感知与持续消费——以线上零售为切入点［J］．商业经济研究，2019，785（22）：83－86.

［69］张兵，魏玮．中国经济增长质量的国际比较［J］．统计与决策，2018（24）：124－128.

［70］张俊山．对经济高质量发展的马克思主义政治经济学解析［J］．经济纵横，2019（1）：2，36－44.

［71］张伟，朱启贵，李汉文．能源使用、碳排放与我国全要素碳减排效率［J］．经济研究，2013（10）：138－150.

［72］张琰飞，朱海英，刘芳．旅游环境、消费习惯与低碳旅游参与意愿的关系——以武陵源自然遗产地为例［J］．旅游学刊，2013，28（6）：56－64.

［73］郑秋莹，姚唐，曹花蕊，等．是单纯享乐还是自我实现？顾客参与生产性消费的体验价值［J］．心理科学进展，2017，25（2）：191－200.

［74］中国人民银行贵阳中心支行青年课题组，任丹妮．政策推动还是市场驱动？——基于文本挖掘技术的绿色金融发展指数计算及影响因素分析［J］．西南金融，2020（4）：78－89.

［75］中国人民银行研究局绿色金融标准课题组，王信．推动我国与全球主要绿色金融标准趋同［J］．中国金融，2019（22）：57－59.

［76］周衍鲁，周挺辉．消费金融发展现状及未来趋势——关于市场参与主体运营模式差异化研究［J］．商业经济研究，2018，759（20）：152－154.

［77］朱建华，王虹吉，郑鹏．贵州省循环经济与绿色金融耦合协调发展研究［J］．经济地理，2019，39（12）：119 – 128.

［78］Allen, F. , Bartiloro L, Gu X. , and Kowalewski O. , 2016. Does Economic Structure Determine Financial Structure? ［R］. IESEG Working Paper Series 2016 – ACF – 02.

［79］Apergis, N. , Payne, J. E. 2009, Energy Consumption and Economic Growth: Evidence from the Commonwealth of Independent States ［J］. Energy Economics, 30, 782 – 789.

［80］Aslan, A. , Apergis, N. , Topcu, M. 2014a, Banking Development and Energy Consumption: Evidence From a Panel of Middle Eastern Countries ［J］. Energy, 72, 427 – 433.

［81］Aslan, A. , Apergis, N. , Yildirim, S. 2014b, Causality between Energy Consumption and GDP in the US: Evidence from a Wavelet Analysis ［J］. Frontiers in Energy, 6（1）：1 – 8.

［82］Beck, T. , and Demirgüç – Kunt A. , 2009. Financial institutions and markets across countries and over time: data and analysis ［R］. World Bank Policy Research Working Paper No. 4943.

［83］Beck, T. , and Levine R. , 2002. Industry growth and capital allocation: Does having a market – or bank – based system matter ［J］. Journal of Financial Economics 64（2）, 147 – 180.

［84］Beck, T. , Demirgüç – Kunt A. and Levine R. , 2000. A new database on financial development and structure ［J］. World Bank Economic Review 14, 597 – 605.

［85］Beck, T. , Demirgüç – Kunt A. and Singer D. , 2013. Is small beautiful? Financial structure, size and access to finance ［J］. World Development, 52, 19 – 33.

［86］Belke, A. , Dobnik, F. , Dreger, C. 2011, Energy Consumption and Economic Growth: New Insights into the Cointegration Relationship ［J］. Energy Economics, 30, 782 – 789.

［87］Binh K. B. , Park S. Y. , Shin. B. S. , 2006. Financial structure does matter for industrial growth: Direct evidence from OECD countries ［R］. Working Paper.

［88］Coers, R. , Sanders, M. 2013, The Energy – GDP Nexus, Addressing an Old Question with New Methods ［J］. Energy Economics , 36, 708 – 715.

［89］Constantini, V. , Martini, C. 2010, The Causality Between Energy Consumption and Economic Growth: A Multi – Sectoral Analysis Using Non – Stationary Cointegrated Panel Data ［J］. Energy Economics, 32（3）：591 – 603.

［90］Demirgüç – Kunt, A., and Levine R., 1999. Bank – based and market – based financial systems: Cross – country comparisons ［R］. World Bank Policy Working Paper No. 2143.

［91］Demirgüç – Kunt, A., and Levine R., 2004. Financial structure and economic growth: A cross – country comparison of banks, markets and development ［M］. Cambridge, MA: MIT Press.

［92］Feenstra, Robert C., Robert Inklaar and Marcel P. Timmer. 2015, The Next Generation of the Penn World Table ［J］. American Economic Review, 105 (10), 3150 – 3182.

［93］Frank, A. G., 1959. Industrial Capital Stocks and Energy Consumption ［J］. Economic Journal, March.

［94］Goldsmith, R., 1969, Financial Structure and Development ［M］. New Haven: Yale University Press.

［95］Grossman, G., and A., Krueger, 1995, Economic Environment and the Economic Growth ［J］. Quarterly Journal of Economics, 110 (2): 353 – 377.

［96］Grossman, G., and A., Krueger, 1991, Environmental Impacts of a North America Free Trade Agreement ［R］. NBER Working Paper, NO. 3914.

［97］Harper, J. T and McNulty J. E., 2008. Financial system size in transition economies: the effect of legal origin ［J］. Journal of Money, Credit and Banking 40, 1263 – 1280.

［98］Huang, B., Hwang, M. 2008, Causal Relationship Between Energy Consumption and GDP Growth Revisited: A Dynamic Panel Data Approach ［J］. Ecological Economics , 67 (1): 41 – 54.

［99］Janosi, P. E., Grayson, L. E. 1972, Patterns of Energy Consumption and Economic Growth and Structure ［J］. The Journal of Development Studies, 8 (2): 241 – 249.

［100］Javid, M., Sharif, F. 2016, Environmental Kuznets Curve and Financial Development in Pakistan ［J］. Renew. Sustain. Energy Rev. , 54, 406 – 414.

［101］Kasman, A., Duman, Y. S. 2015, CO_2 Emissions, Economic Growth, Energy Consumption, Trade and Urbanization on New EU Member and Candidate Countries: A Panel Data Analysis ［J］. Economic Modelling, 44, 97 – 103.

［102］Khan AQ, Saleem N, Fatima ST. 2018, Financial Development, Income Inequality, and CO_2 Emissions in Asian Countries Using Stirpat Model ［J］. Environmental Science and Pollution Research, 25 (7): 6308 – 6319.

[103] Levine, R. 2002, Bank – Based or Market – Based Financial Systems: Which Is Better? [J]. Journal of Financial Intermediation, 11 (4): 398 – 428.

[104] Levine, R., N. Loayza, and T. Beck. 2000, Financial Intermediation and Growth: Causality and Causes [J]. Journal of Monetary Economics, 46, 31 – 77.

[105] Levine, R., S. Zervos. 1998, Stock markets, banks, and economic growth [J]. American Economic Review, 88: 537 – 558.

[106] Mahalik, M. K., Mallick, H. 2014, Energy Consumption, Economic Growth and Financial Development: Exploring the Empirical Linkages for India [J]. The Journal of Developing Areas, 48 (4): 139 – 159.

[107] Maji, J. K., Dikshit, K. A., Deshpande, A. 2017, Disability – Adjusted Life Years and Economic Cost Assessment of The Health Effects Related to PM2. 5 and PM10 Pollution in Mumbai and Delhi, in India From 1991 to 2015 [J]. Environ. Sci. Pollut. Control Ser. , 24 (5): 4709 – 4730.

[108] Narayan, P. K., Narayan, S., Popp, S. 2010, A Note on The Long – Run Elasticities from the Energy Consumption – GDP Relationship [J]. Applied Energy, 87 (3): 1054 – 1057.

[109] Ouedraogo, N. S. 2013, Energy Consumption and Economic Growth: Evidence From the Economic Community of West African States (ECOWAS) [J]. Energy Economics, 36, 637 – 647.

[110] Ozturk, I., Aslan, A., Kalyoncu, H. 2010, Energy Consumption and Economic Growth Relationship: Evidence from a Panel Data for Low And Middle Income Countries [J]. Energy Policy, 38 (8): 4422 – 4428.

[111] Park Y, Meng F, Baloch MA. 2018, The Effect of ICT, Financial Development, Growth, and Trade Openness on Co2 Emissions: an Empirical Analysis [J]. Environmental Science and Pollution Research, 25 (30): 30708 – 30719.

[112] Patrick T. , 1966. Financial Development and Economic Growth in Under developed Countries [J]. Economic Development and Cultural Change, Vol. 14, No. 2, pp. 174 – 189.

[113] Rajan, R., and L. Zingales. 1998, Financial Dependence and Growth [J]. American Economic Review , 88, 559 – 586.

[114] Rashid, A., Yousaf, N. 2015, Linkage of Financial Development with Electricity Growth, Nexus of India and Pakistan [J]. Macroeconomics and Monetary Economics, 2 (34):

151 – 160.

［115］Sadorsky, P. 2011, Financial Development and Energy Consumption in Central and East-earn Europe Frontier Economies ［J］. Energy Policy, 39, 999 – 1006.

［116］Sadorsky, P. 2010, The Impact of Financial Development on Energy Consumption in Emerging Economies ［J］. Energy Policy, 38, 2528 – 2535.

［117］Smiech, S., Papiez, M. 2014, Energy Consumption and Economic Growth in the Light of Meeting the Targets of Energy Policy in the EU: The Bootstrap Panel Granger Causality Approach ［J］. Energy Policy, 71, 118 – 129.

［118］Solow, R. M. 1974, The Economics of Resources or The Resources of Economics ［J］. American Economic Review, 64, 1 – 14.

［119］Tamazian, A., Chousa, J. P., Vadlamannati, C. 2009, Does Higher Economic and Financial Development Lead to Environmental Degradation? Evidence from BRIC Countries ［J］. Energy Policy, 37, 246 – 253.

［120］Torre, A., Feyen E., Ize A., 2013. Financial development: structure and dynamics ［J］. The World Bank Economic Review, 27 (3), 514 – 541.

［121］Wolde – Rufael, Y. 2009, Energy Consumption and Economic Growth: The Experience of African Countries Revisited ［J］. Energy Economics, 31, 217 – 224.

［122］Xiong, L., Tu, Z. Y., Ju, L., 2017, Reconciling Regional Differences in Financial Development and Carbon Emissions: A Dynamic Panel Data Approach ［J］. Energy Procedia, 105, 2989 – 2995.

［123］Xu Z, Baloch MA, Danish, et al. 2018, Nexus Between Financial Development and CO_2 Emissions in Saudi Arabia: Analyzing the Role of Globalization ［J］. Environmental Science and Pollution Research, 25 (28): 28378 – 28390.

［124］Yu, E., Choi, J. 1985, The Causal Relationship Between Energy and GNP: An International Comparison ［J］. Journal of Energy and Development, 10, 249 – 272.

后　　记

　　《绿色金融：结构优化与绿色发展》（以下简称《绿色金融》）是作者继《金融宽度与区域金融发展》（中国社会科学出版社，2013，以下简称《金融宽度》）、《金融结构与高质量发展》（浙江大学出版社，2021，以下简称《金融结构》）后第三部独立完成的学术著作。

　　《金融宽度》探讨金融产品和服务的可得性、丰富度和覆盖面，主要从定义和研究维度上丰富了金融结构的内涵，构建了"金融宽度"指标体系，并运用浙江省各地市的面板数据进行经验研究，初步验证了拓展金融宽度，即提高金融产品与服务的可得性、丰富度和覆盖面，能够推动区域经济增长、转型升级，改善收入分配。

　　《金融结构》从理论上对金融结构进行了深入剖析，在经典的金融发展理论和最优金融结构理论基础上，区分了显性金融结构与隐性金融结构，提出了工具—制度—功能三维立体的"黏性金融结构假说"，并运用跨国数据在多个层面进行经验研究，系统分析了优化金融结构、推动高质量发展的内在机制。

　　《绿色金融》主要聚焦金融结构优化的一个重要方面，在当前和可预计的将来重要性日益凸显的一个领域：绿色金融发展，研究金融结构优化对绿色发展的影响。《绿色金融》主要从金融结构、供给结构、需求结构和区域发展异质性等四个角度进行理论探索和经验研究，检验了绿色金融发展优化经济结构，推动绿色发展的内在机制。

　　三部著作在理论上存在逻辑一致性，但在研究视角上各有侧重。《金融宽度》侧重对金融结构内涵的"拓展"，《金融结构》侧重从理论上对金融结构优化的动力机制和约束条件进行深入的"挖掘"；《绿色金融》则从绿色发展的角度，对优化金融结构的具体机制和实际效果进行"聚焦"。三部著作围绕金融结构和经济发展关系的主题，构成了金融结构研究三部曲。

作者在本书的写作过程中，得到了很多前辈同仁的指导帮助，在此深表谢意。特别要感谢浙江大学王维安教授、金雪军教授、赵伟教授、王义中教授；武汉大学齐绍洲教授；天津大学张中祥教授；中央财经大学王遥教授；浙江工商大学谢杰教授、钱水土教授；浙江财经大学武鑫研究员、唐小波副教授；嘉兴学院文雁兵教授；以及浙江金融职业学院周建松教授、郑亚莉教授、方华研究员等领导、同仁长期以来的指导和帮助；特别感谢中国人民银行杭州中心支行研究处处长贺聪博士审阅了本书初稿并提了宝贵的修改意见。感谢 2017 计量经济学会亚洲会议（香港中文大学）、2018 计量经济学会中国会议（复旦大学）、2019 计量经济学会亚洲会议（厦门大学）、2019 年第七届世界经济不平等大会（巴黎经济学院）、香樟论坛等学术论坛与会嘉宾对本书阶段性成果的有益评论和交流。

由于作者受能力和时间所限，本书存在不足之处，恳请各位专家同行批评指正。

姚星垣

2021 年 5 月于西子湖畔